39+1+1

Bestseller Internacional

Biografía

Sílvia Soler Guasch nació en Figueres (Girona) y vive en Badalona. Está casada y tiene dos hijos. Como periodista ha trabajado en el diario *Avui*, en Catalunya Ràdio y en Televisió de Catalunya. En su faceta de escritora es autora de las novelas *El son dels volcans*, *L'arbre de Judes*, *Mira'm als ulls* y *39+1*, la edad en la que una mujer sabe que el hombre de su vida es ella misma.

Sílvia Soler

39+1+1

Enamorarse es fácil, si sabes cómo

Planeta

Avinguda Diagonal, 662, 6.ª planta. 08034 Barcelona (España)

Diseño de la cubierta: Departamento de Diseño, División Editorial del Grupo Planeta
Ilustración de la cubierta: © Montse Bernal
Fotografía de la autora: © Pedro Muñoz
Primera edición en Colección Booket: febrero de 2008

Depósito legal: B. 2.031-2008
ISBN: 978-84-08-07672-8
Impresión y encuadernación: Litografía Rosés, S. A.
Printed in Spain - Impreso en España

Al género masculino,

por alusiones

I will survive

I will survive	Sobreviviré
as long as I know how to love	mientras sepa cómo amar
I know I will stay alive.	sé que me mantendré viva.
I've got all my life to live	Tengo toda la vida por vivir
I've got all my love to give.	tengo todo el amor para dar.
And I'll survive.	Y sobreviviré.
I will survive.	Sobreviviré.

GLORIA GAYNOR

¡¡¡¡¡¡Vilmaaaaaaaaaaaa!!!!!! ¡¡¡Ábreme la puerta!!!

No soy Pedro Picapiedra. Soy Ilia, y estoy intentando hacer entrar en razón a mi amiga Vilma, que está encerrada en el baño de la redacción, sonándose ruidosamente con papel higiénico. ¿Que cómo hemos llegado a esta situación tan patética? Hagamos como en las teleseries americanas, con esos *flash-back* tan típicos: todo empezó hace tres días...

Todo empezó hace tres días. Era martes y trece y yo no tenía previsto casarme ni embarcarme, así que empecé el día tan tranquila (quiero decir tan tranquila como los otros días que no son martes y trece, es decir, histérica perdida).

Después de superar los problemas cotidianos que nos permiten comprobar que nuestra capacidad de resistencia ante la adversidad continúa siendo infinita —la pequeña con fiebre, el mayor mandándome a paseo, la canguro llegando con retraso, mi marido de cuerpo presente (quiero decir estando pero como si no estuviese), el atasco monumental de tráfico y una súbita jaqueca—, llegué al trabajo y aún tuve ánimo de saludar con un buenos días al conserje, a pesar de que en los tres años y medio que llevo en el periódico nunca me ha contestado.

Me moría por uno de los infectos cafés de la máquina y busqué a Vilma para que me acompañara a despotricar un poco. En su mesa estaba el bolso de Prada que su hermano le trajo de China por seis euros y las gafas con montura color pistacho, pero de ella, ni rastro.

En la máquina del café, tampoco. Así que entré en los lavabos femeninos al grito de:

—¡Buenos díaaaas! A no ser que tengas una enfermedad terminal o que te acabes de separar, mi martes y trece es peor que el tuyo, así que sal y escúchame.

Ya sé que puede parecer un poco brusco, pero tenéis que saber que Vilma sufre de incontinencia verbal y esa mañana yo «necesitaba» desahogarme, así que intentaba dejar bien claro que yo ostentaba el récord de desgracias y que, por lo tanto, tenía más derecho que ella a quejarme. Por toda respuesta a mi imperativo «sal y escúchame», pude oír un ruido indescriptible que provenía de la única puerta que estaba cerrada. Era, cómo deciros, como si un elefante estornudase, o como si una Baby Mocosete gigante estuviese haciendo pipí.

—¿Vilma? —pregunté, insegura.

Otra vez ese ruido, que por fin identifiqué: era alguien que se estaba sonando sin importarle un pimiento controlar el volumen.

—¡Vilma! —llamé, entonces ya más convencida de que sólo podía tratarse de ella.

—Te gano de calle. Y por cierto, estoy muy bien de salud.

—¿¿¿???

Otro estornudo de elefanta.

—No tengo ninguna enfermedad terminal.

Silencio. Y su voz, un poco más cínica que de costumbre.

—¿Ergo? Vamos, Ilia, esfuérzate, tú puedes... ¿ergo?

—¿Te has separado?

—¡Sí, señora! Acabas de ganar «un apartamento en Torrevieja, Alicante». No, no, mejor en «Marina d'Or, ciudad de vacaciones», que no queda tan antiguo.

Más sollozos y más mocos y más ruidos extraños.

—Sal ahora mismo de ahí —dije con falsa autoridad.

—No. Lárgate.

—No seas tozuda, sal.

Silencio. Uy. La conozco como si la hubiese parido y cuando clava el cuerno en un sitio... (qué poco afortunado hablar de cuernos en un momento así, ¿verdad?).

Y entonces no me quedó más remedio que levantar la voz y gritar:

—¿Se ha enterado de que el niño no es suyo?

Justo en ese momento se abrió la puerta y asomó la cabeza la señora de la limpieza, pero claro, Vilma no lo sabía, y dijo, también gritando, desde el otro lado de la puerta:

—¡Que va! Lo que pasa es que se está tirando a una de veintiséis.

La señora de la limpieza me dirigía una mirada inquisitiva y yo diría que casi amenazante, así que me vi obligada a improvisar:

—Estamos hablando de Marina Castaño, ¿sabe? La de Cela, que por lo visto se ha quedado embarazada de un marqués que está liado con una jovencita que parece ser que es gogó en Ibiza...

—Pero ¿qué coño estás diciendo? —Vilma, ahora ya sin ruidos extraños.

—¿Quieres hacer el favor de salir?

—No.

Y aquí es donde yo pierdo la paciencia y me pongo literalmente a berrear eso de:

—¡¡¡¡Vilmaaaaaa!!!!! ¡¡¡¡Ábreme la puertaaaaaaaaaaa!!!!!

Ya está. Ya estáis situados. O no... quizá será mejor que os añada alguna información —a los que ya la conocéis os pido paciencia.

Vilma y yo somos amigas, muy amigas, y además compañeras de trabajo, redactoras del dominical de un periódico de Barcelona, para más datos. Vilma se casó con una joven promesa de la política catalana, Claudio Surroca, que al cabo de los años se ha convertido en la antigua joven promesa de la política catalana. Quiero decir que es diputado, pero que no toca poder de una manera directa, o sea que, según sus parámetros, es un fracasado.

Tienen un chico y una chica, los dos guapos y listos, y Vilma está embarazada de seis meses. El padre de la criatura no es Claudio sino un megajovencísimo becario del dominical, Pablo, que de momento está *in albis* y que se supone que seguirá en la ignorancia, ya que su beca ha terminado y le hemos perdido la pista.

En este momento, parece claro que Claudio Surroca ha llegado a la estación popularmente conocida como crisis de los cuarenta, que en los hombres se caracteriza por un ataque de pánico ante la inminente caída en el pozo de la madurez, después de haberse resistido a ello con todas sus fuerzas durante tanto tiempo, agarrado a las paredes con uñas y dientes.

Algunos, como Claudio, llevan a cabo una rápida maniobra para no caer en ese pozo de la madurez, que consideran un sitio oscuro y negro, y probablemente húmedo, y se largan por piernas.

¿Posibilidades?

Practicar deportes de riesgo, comprarse un coche deportivo nuevo y de líneas agresivas, o ligarse a una jovencita. (¡Jolín con Claudio! ¡Ya le podía haber dado por lanzarse desde la Torre Agbar en paracaídas!)

Pero no, claro, le ha seducido más la opción tradicional. Estaréis pensando que Vilma se lo merece, teniendo en cuenta su aventura con consecuencias con Pablo... pero a mí me parece que no. ¿Que por qué? Pues porque tengo debilidad por esa mujer y porque Claudio me cae mal. Y punto. Ya advertí, al cumplir los 39+1, que a partir de ahora no voy a esforzarme por ser políticamente correcta. Además, estoy segura de que Claudio ya había hecho de las suyas mucho antes de que su mujer se lanzara a los brazos del becario del culo prieto.

Bueno, el caso es que Vilma acabó saliendo del baño y pudo contarme que el día anterior por la tarde, Claudio le había mandado un mensaje al móvil que decía: «Cari, me duermo y me despierto pensando en ti.»

No fue el romanticismo de la frase lo que convenció a Vilma de que la destinataria del mensaje no era ella (a pesar de que no existe hombre en el mundo que te suelte cosas así al cabo de diecisiete años de matrimonio). La evidencia fue lo de «cari».

—Claudio sabe perfectamente que si me llama «cari» me estoy riendo de él hasta el día del juicio final —dijo Vilma, y con toda la razón.

La tal «cari» resultó ser una periodista que cubre la información parlamentaria. Una cosa sí tengo que decir en defensa de Claudio: en el Parlamento todo es taaaaan aburrido que hasta Emilio Aragón acabaría poniéndole los cuernos a su mujer.

Vilma investigó ese mensaje y, sin demasiados problemas, descubrió el pastel: hacía cinco meses que Claudio tenía una aventura extramatrimonial con la «cari», a quien mi amiga describió con estas palabras:

—Es una periodista pija... Y una puta, claro. La llamaremos la 3p.

En una conversación que no debió de tener desperdicio, Claudio le dijo a Vilma que no se iría a vivir con la 3p hasta que naciera el bebé. «No te haría esa putada.»

No hace falta que os diga que la respuesta fue, aproximadamente: «La putada me la harías si te quedases, y además, no hace falta que te preocupes: el niño no es tuyo.» Qué momento de gloria para Vilma, según confesaría ella después.

Así que Claudio se fue, no sin antes suplicarle a su mujer que no montase un escándalo con su separación para preservar su imagen pública, y Vilma, pasado el cabreo inicial (sus llantos en el baño de la redacción fueron flor de un día), la verdad es que se quedó tan ancha.

Y ya puestos a ofrecer información que os permita entender mínimamente mi mundo, estrafalario y psicodélico, os recordaré mi ficha:

Nombre: Ilia Martí.

Edad: 39+1+1.

Profesión: Periodista-madre de familia.

Hijos: Tres (Octavio, 15 años, del primer matrimonio; María, 5 años, y Berta, 3 años, del segundo).

Amigas íntimas: Vilma (ya la conocéis bien), Beth (recién estrenada en la maternidad en solitario con una niña preciosa que se llama Telma) y Ana (separada y madre de unos gemelos de dos años).

Otros: Una familia política superpija, un ex marido intelectual (recién casado con una azafata danesa), una madre victimista, un padre delicado de salud, dos hermanos, una hermana soltera.

Ni que decir tiene que la separación de Vilma dio lugar a varias cenas «Mujercitas» (sentimentales) en cadena y a una gloriosa cena «Thelma y Louise» (transgresora) en una vinacoteca del Eixample a la que —y es una pena— no podremos volver nunca más.

Ésa fue la primera noche en que me sentí ligeramente desplazada, por primera vez en la vida, entre mis tres mejores amigas. Supongo que fue en el momento del brindis:

—¡Por Claudio y su pito adolescente, que se le llene de granitos y tenga que untárselo con Clearasil! —Vilma.

—Por Roque y su cerebrito minúsculo, para que algún día llegue a estrenarlo —Ana.

—¡Por Gerardo y su mujer, que vivan felices para siempre y les sienten mal las perdices! —Beth, siempre más romántica. (Gerardo figura como titular en el diploma de papá biológico de Telma, pero él ni siquiera lo sabe: regresó con su mujer antes de que Beth pudiera comunicárselo y ahora se ha quedado sin el diploma.)

¿Y servidora? ¿Cuál debía ser mi brindis? Como ya sabéis, si se trata de sacarle defectos a mi marido, con un pequeño esfuerzo —mínimo, en realidad— podría confeccionar una larga lista, pero aunque quisiera, no podría conseguir la acidez camuflada en la voz de mis amigas. La acidez salpicada de pura liberación, todo hay que decirlo, de las recién separadas.

Esa noche ya se oyeron expresiones del tipo «¡Se abre la veda!» o bien «¡Ya volvemos a estar en catálogo!», que insinuaban enloquecidas salidas nocturnas y maquinaciones diversas para conocer hombres «sin fines matrimoniales».

Así que las semanas siguientes transcurrieron a ritmo de *I will survive*, y hay que decir que las tres se dieron prisa en recuperarse de sus respectivos tropiezos sentimentales. Beth está literalmente embobada (embobada de boba, de tirando a tonta) con su niña que, hay que reconocerlo y no es porque sea mi ahijada, es de verdad una monada.

Ana ha conseguido superar la pandemia de enfermedades varias que Adrián y Martina se iban intercambiando sin parar y ha vuelto a trabajar a jornada completa en el Instituto de Antropología. Vuelve a ser una mujer entera, con el 100 % de materia grasa (qué feo, pero os puedo jurar que no pretendía resultar ofensiva, quería decir que, mientras estuvo casada, Ana fue primero semidesnatada y finalmente desnatada del todo).

Y después de aquellos llantos de rabia del primer día, Vilma ha borrado a Claudio de su corazón con la facilidad con que mandamos un documento de word a la papelera. Digo de su corazón, y digo bien, porque en su cuenta corriente continúa muy presente: la muy cerda le ha sacado una pensión compensatoria como para caerse de culo.

Yo, con relación a Juan, continúo oscilando entre los ratos de tierna complicidad, los días de astenia sexual inexplicable, los instantes de pasión *revival* y los ataques de rabia que intento canalizar comiendo Ferrero-Rocher de forma compulsiva (ya sé que según la Preysler son los bombones de la hospitalidad, pero como las visitas inesperadas de amigos a «la casa de campo» son tirando a escasas, los utilizo como antidepresivo).

Si dejamos aparte las reflexiones sentimentales que me permito mientras estoy batiendo un huevo, o mientras conduzco, o mientras me lavo el pelo, mi vida cotidiana transcurre con su agitación habitual. Este año, la cuadratura del círculo está un poco más cerca, porque la pequeña Berta ya va al mismo colegio que María. Adiós al mundo de las *mariquitas* felices y los *pececitos* optimistas de la guardería.

Este cambio mejora sustancialmente mi precaria organización: acompaño y recojo a las dos niñas en el mismo sitio todos los días y me ahorro la mensualidad de la guardería, que no voy a concretar a cuánto sube porque no quiero provocar un descenso brusco de la natalidad en un país que no puede permitírselo. También hemos dejado de comprar pañales y eso se nota (el primer mes, porque después, no se sabe cómo, ese dinero que te había parecido que serviría para tapar tantos agujeros, se volatiliza y es como si jamás hubiese existido).

Mi hijo mayor, Octavio, ha cumplido quince años y se encuentra en el clímax de su adolescencia (espero que esto sea el clímax, porque yo no podría resistir ni un ápice más de intensidad). En Navidad, mi hermana Lola tuvo el detalle de regalarle un gorro de lana que lleva incorporados unos auriculares para escuchar música. En casa no se lo quita nunca, y cuando digo nunca quiero decir que se mete en la cama con el gorro puesto. Eso ha mejorado sensiblemente nuestra relación, hasta el punto de anular prácticamente las peleas. A mí me parece bien, al menos hasta que salgamos del clímax adolescente; lo único que me preocupa es que, en el instituto, también asista a clase con el gorro puesto y la música a tope. Es capaz. Y también es factible que los profesores opten, como yo, por ignorarlo. Al fin y al cabo, ellos no lo han parido, así que ni siquiera tienen los destellos de ternura que a mí me deslumbran de vez en cuando.

Mi suegra Regina continúa con su vida ideal, sus hijas rubias, delgadas e ideales y sus clases de yoga para luchar contra el estrés que le provoca ese tipo de vida.

Mi padre continúa avanzando lenta pero inexorablemente hacia una demencia senil que nos exigirá cada vez más, y mi madre, ya lo sabéis: los demás, ningún problema, pero en cambio ella acumula todos los males y las desgracias de la familia, y los acapara con avaricia.

Mi ex, Isaías, es inexplicablemente feliz con Karen, la azafata danesa de treinta años que lo admira rendidamente a pesar de no entender ni un pijo de los sabios discursos que le suelta su flamante marido sobre la alianza de civilizaciones y el cambio climático. Esperan su primer bebé.

Y así estamos, o así estábamos, hasta que anoche, justo en el momento en que tenía a María y a Berta en la bañera, mientras se cocía la verdura e intentaba escuchar de lejos los titulares de las noticias de la tele, sonó el teléfono y era Vilma: «Voy de camino al hospital, estoy de parto, te llamaré cuando haya nacido.»

Vivir así es morir de amor

> Ya no puedo más, ya no puedo más,
> siempre se repite la misma historia,
> ya no puedo más, ya no puedo más,
> estoy harto de rodar como una noria.
>
> CAMILO SESTO

¡Vilma ha tenido un niño!

Momentos antes de parir, Vilma me comunicó que había decidido aceptar la propuesta de Claudio, que quiere darle al niño su apellido y ocuparse de él como si fuera suyo.

Con su proverbial sentido práctico, Vilma ha resuelto que esa solución será la mejor para Claudio —salva su imagen pública—, para Pablo —que a sus veintipocos ni siquiera tiene por qué enterarse del «incidente»—, y para ella misma —que quedará en mejor situación económica.

He entrado en la habitación del hospital en pleno debate sobre el nombre que va a recibir el bebé (que, por cierto, ha pesado 4 kilos, 650 gramos, por eso, cuando le he preguntado a Vilma cómo se sentía, me ha contestado «como si hubiese parido un tambor de Dixan»).

Vilma ha propuesto llamar al niño Pablo (¡cómo se pasa!). Claudio defiende que el niño se llame Oriol o Arnau (partido nacionalista obliga). Vilma le ha respondido claramente que los nombres de sus hijos mayores ya los escogió él —Jofre y Laia— y que éste le tocaba a ella.

En ese momento he tenido la brillante idea, modestia aparte, de sugerirle a Vilma que le diera al niño el nombre de su padre, ya muerto, al que ella adoraba. Proposición aceptada:

—El niño se llamará Mateo.

Y como el señor Mateo Banús era un abuelo querido por sus nietos y una persona admirada y respetada por su yerno, todos han accedido. El pequeño Mateo, justo entonces, ha abierto los ojos y la boca, y ha empezado a llorar frenéticamente, demostrando que tiene un carácter digno de ese nombre.

Y hablando de caracteres... hace ya unos días que mi hijo está —aunque parezca imposible— empeorando. ¡Y pensar que sólo hace unos días decía —¡ingenua de mí!— que estábamos en el cenit de su adolescencia...!

Me equivocaba: todo es susceptible de empeorar.

Ahora, además de no comunicarse, no estudiar y acentuar su apatía general, también ha dejado de comer. Su aspecto es realmente penoso: pálido, demacrado y no especialmente pulcro, para decirlo suavemente. He decidido intentar por última vez una aproximación pacífica antes de recurrir a medidas drásticas (estaba dispuesta a amenazarlo con mandarlo a vivir con su padre y «la sirenita» en Copenhague).

Cuando ha llegado a casa, con el gorro calado hasta las cejas, la música a toda mecha y las manos metidas en los bolsillos, le he dicho que quería hablar con él. ¡¡¡QUIERO HABLAR CONTIIIIGOOOOO!!!, he chillado, como si estuviese hablando con mi abuela Carmen cuando llevaba el sonotone.

He puesto el DVD de *Dumbo* (las niñas están en la fase *Dumbo* desde hace dos días, después de haber pasado una inacabable fase *Buscando a Nemo* de tres semanas) y he dejado a María y a Berta embobadas delante de la pantalla, sabiendo que tendría que hundirse el techo para que se movieran de allí; y aún así, no me atrevería a asegurar que no continuasen con la boca abierta mirando los dibujos con la cabeza llena de yeso.

Octavio estaba en su habitación y tenía la puerta cerrada. No parecía precisamente una invitación al diálogo, pero a pesar de todo, he llamado. La verdad es que lo he hecho para cubrir el expediente, porque a la vez he abierto la puerta. Octavio estaba echado en la cama, con el gorro puesto y los ojos cerrados. La habitación tenía ese olor a vida en descomposición que ya no desaparece por más que se ventile porque está adherido a las paredes y al colchón. En la mesa «de estudio» había un envase vacío de yogur, una lata de Coca-Cola y dos o tres bolsas de plástico de patatas, fritos y otras porquerías. En el suelo, al lado de la cama, un montón de ropa sucia y más bolsas de plástico.

—¡¡¡OCTAVIOOOOOO!!! —he rugido.

Se ha apartado el gorro, dejando una oreja al descubierto.

—Octavio, apaga la música, por favor, quiero hablar contigo.

—Si quieres que ordene la habitación, hoy no puedo, tengo que hacer un trabajo sobre la sostenibilidad del medio ambiente.

Por increíble que parezca, he podido reprimir una carcajada. Cualquier otro día hubiese aprovechado para hacer un alarde de cinismo, pero hoy necesitaba mantener intactos los puentes del diálogo (los que van desde Octavio hasta mí pueden hundirse con un soplo, como la casa del primer cerdito).

Así que no he soltado ningún comentario sarcástico como que el tema de su trabajo podría ser «Mi habitación: reserva natural de la biosfera», y le he dicho:

—Sólo quiero hablar contigo un momentito y luego te dejo trabajar (incluso he fingido creerme que en cuanto me largue se va a poner a estudiar, imaginaos hasta qué punto llegaba hoy mi preocupación maternal).

—¿Qué quieres?

—Me gustaría saber qué te pasa.

—Nada. ¿Por qué?

—No hablas, no te ríes y no comes. Te estás quedando hecho un asco.

—Gracias.

—De nada. ¿Tienes algún problema? ¿Puedo ayudarte?

—No.

—Octavio...

—No tengo ningún problema y, si lo tuviera, tú no podrías ayudarme.

Es decir: tiene un problema.

—Quizá no podría ayudarte, pero a veces, hablar de las cosas ayuda.

En ese momento, mi hijo ha resoplado, se ha incorporado un poco y, apoyando todo su peso en los codos, me ha mirado y ha dicho:

—Creo que estoy enamorado.

Entonces han sonado unos violines haendelianos y ha empezado a llover confeti de colores del techo de la habitación, mientras madre e hijo nos abrazábamos tiernamente. Él ha dicho «te quiero» y yo he dicho «yo también».

No. Claro que no. No ha pasado nada de todo esto.

Octavio se ha incorporado, ha apoyado todo su peso en los codos y, sin mirarme, ha dicho:

—No me rayes, mamá..., pero ya que estás tan bien dispuesta, necesito pasta.

—¿Para?

—Para comprarme ropa.

—¿¿¿¡¡¡¿¿¿Para comprarte... ropa???!!!???

—Sí. ¿Qué pasa?

—No, no, no pasa nada. ¿Cuándo quieres que vayamos de compras?

—Si quieres, el sábado por la tarde...

—OK.

No he oído violines ni ha caído confeti de colorines, pero no tengo ninguna duda de que, efectivamente y aunque sería incapaz de reconocerlo, Octavio se ha enamorado. Que hubiese perdido el apetito de una manera tan radical, era significativo, pero que quiera comprarse ropa y acceda a ir de compras conmigo sin necesidad de amenazarlo, es una señal definitiva.

Estoy tan sorprendida y contenta, inquieta y acojonada, que he llamado a Juan.

—Juan, adivina qué ha pasado.

—¿Qué?

—Octavio se ha enamorado.

—¿Ah, sí?

—¡¡¡Sí!!!

—...

—Bueno... pues... ya está..., quería que lo supieras.

—De acuerdo, nos vemos luego.

Ya sé que Octavio no es hijo suyo, pero podría haber demostrado un poquito más de interés, ¿no? Tampoco es hijo de Ana y mirad qué diferencia.

—Ana, adivina qué ha pasado.

—Has decidido operarte las tetas.

—¡¡¡No!!! Es Octavio.

—¿Octavio ha decidido operarse las tetas? Jolín, chica, imaginaba que uno de nuestros hijos sería gay, pero transexual...

—Déjate de tonterías.

—Entonces ¿qué pasa? ¿Qué le pasa a Octavio?

—Que se ha enamorado.

—¡¡¡Uaaauuuuu!!! ¡No me digas! ¿De quién? ¿La conoces? ¿Te cae bien? ¿Es huérfana?

—¿Que si es huérfana?

—Mujer, lo digo para evitar problemas en el futuro: la competencia en las fiestas de Navidad, etc.

El caso es que no sé si la conozco, ni si me cae bien —es probable que no, no sé por qué lo intuyo—, ni si es huérfana. No sé quién es y no sé cómo descubrirlo.

Evidentemente, la vía más fácil, que sería preguntárselo a mi hijo, está descartada. Necesito que esté *in albis*, que no sepa que yo lo sé, para que actúe con naturalidad y, observándolo, me dará las pistas para poder saber QUIÉN ES. Me mata la curiosidad.

Pero a la curiosidad no le ha dado tiempo de matarme, ni siquiera de intentarlo: hoy Octavio ha venido a casa con su prima Raquel. Es hija de mi hermano mayor, Víctor, y va al mismo instituto que mi hijo, a un curso superior. Se llevan bastante bien y he pensado que quizá podría ayudarme a encontrar el camino por donde debía avanzar mi investigación.

Afortunadamente, Raquel ha aceptado mi invitación para merendar, mientras que Octavio se ha limitado a coger un Actimel de la nevera y se ha metido en su habitación, todo eso sin quitarse el gorro de los auriculares incorporados.

Mientras preparaba café, he dejado caer como quien no quiere la cosa:

—¿No ves a Octavio un poco raro, Raquel?

Mi sobrina ha cogido un donuts, le ha dado un mordisco y, con la boca llena, ha dicho:

—Mujer... es normal... todo el mundo está raro cuando se enamora...

Yo, que también le había dado un mordisco a mi donuts (el mío, donuts línea, 30 % menos de materia grasa), me he atragantado y he empezado a toser. Raquel me ha dado unos golpecitos en la espalda, he bebido un poco de Coca-Cola light y, finalmente, aunque congestionada, he podido decir:

—Sí, claro, pero me tiene preocupada... y, por cierto, ¿no sabrás quién es ella, por casualidad?

He podido deducir el grado de antipatía que la chica le provoca por la cara de asco de Raquel. Y os puedo asegurar que ese grado es muy alto.

—Claro que sé quién es. Tu hijo tiene muy mal gusto.

—Ya veo que no te cae demasiado bien.

—Pues no. Ni a mí, ni a nadie que sea normal.

—¿Y puedo saber cómo se llama?

—Tiffanny.

—¡Anda ya!

—Te lo juro, Ilia, se llama Tiffanny, «con dos efes y dos enes».

Han entrado en la cocina mis viejos amigos, los enfermeros, esos que me pinchan y comprueban que no me sale ni una gotita de sangre. ¿Tiffanny? ¿Mi hijo sale con una chica que se llama Tiffanny? Cuando me recupero, Raquel ya no está en la cocina, yo vacío la Coca-Cola light en el fregadero y me preparo una tila.

Suena el teléfono. Es Beth.

—Hola, Ilia ¿cómo va todo?

—Podría ir mejor.

—¡Vaya! ¿Qué pasa?

—Nada, ¿por qué lo preguntas?

—Has dicho: podría ir mejor.

—Es que eso es una verdad objetiva. Todo siempre podría ir mejor. Yo podría pesar 50 kilos, vivir en una casa con jardín y piscina y estar casada con George Clooney.

—Ilia, ¿qué te pasa?

—Octavio se ha enamorado.

—¡Oh! ¡No me digas! ¡Qué ilu!

—Si vuelves a decir «qué ilu» te cuelgo.

—Vale, vale... y ¿eso de tener un hijo adolescente y enamorado ha hecho que te sientas vieja?

—¡¡Noo!! Es decir, ya me sentía vieja antes... pero no es eso.

—Entonces ¿qué pasa? ¡No me dirás que Octavio es gay!

—Que va.

—¿Está casada?

—¡¡Beth!!

—Es broma... ¿qué pasa?

—Se llama Tiffanny.

—Chica, lo siento.

Y aquí a Beth le ha dado un ataque de risa que ha durado tanto que al final le he colgado. Ha llamado de nuevo.

—Vamos, Ilia, no te lo tomes así, mujer. Total, ¿qué más da el nombre?

—¿Que qué más da? ¿Cómo crees que debe de ser una madre que llama a su hija Tiffanny?

—Por favor, no dramatices, quizá tuvo un mal momento...

—Ya.

Nos reímos las dos un rato y colgamos, pero no me quedé tranquila. Dios mío, siempre había pensado que el papel de suegra no iría conmigo, estaba segura de que tendría problemas de relación con las novias de mi hijo, pero es que ahora... ni siquiera puedo imaginarme pronunciando este nombre. «¿Te quedas a cenar, Tiffanny?» No. No podré.

It's raining men

Humidity's rising	La humedad está subiendo
barometer's getting low	el barómetro está bajando
according to all sources	según todas las fuentes
the street's the place to go	la calle es el sitio adonde ir
'cos tonight for the first time,	porque esta noche, por primera vez,
at just about half past ten	alrededor de las diez y media
for the first time in history	por primera vez en la historia
It's gonna start raining men.	empezarán a llover hombres.
It's raining men,	Están lloviendo hombres,
Hallelujah, it's raining men, amen.	aleluya, están lloviendo hombres, amén.
I'm gonna go out	Voy a salir
I'm gonna let myself get	voy a quedarme
absolutely soaking wet.	absolutamente empapada.
It's raining men!	¡Están lloviendo hombres!

WEATHER GIRLS

De: Ana

Para: Ilia, Vilma, Beth

Asunto: «Mujercitas» urgente

Queridas: ¿os parece bien el viernes? Si recibo, como espero, tres mensajes afirmativos, reservaré en Los Inmortales a las nueve y media. Tengo novedades. ¡Hasta entonces!

Mientras yo estaba escribiendo un «Responder a todos», ya he recibido un mail de Vilma (más rápida que Lucky Luke):

De: Vilma

Para: Ana

CC: Ilia, Beth

Asunto: Puntuación

¿Quieres hacer el favor de dar alguna pista a tus pobres amigas? Ya nos contarás quién es y dónde lo has conocido, pero por favor, puntúalo del uno al diez para que nos vayamos haciendo una idea.

Re: Podría ser un notable alto, si tuviese una nota más baja ya no habría convocado una cena.

Re: ¡Y una mierda! Las cenas más divertidas son cuando se trata de un «Muy Deficiente».

De: Beth

Responder a todos: Me gustaría trabajar un poco, guapas. Nos vemos el viernes.

De: Vilma

Para: Beth

Asunto: Estúpida

No hace falta decir que el viernes hubo cena. Las estrategias que cada una de nosotras tuvo que organizar para poder asistir os las ahorraré porque son aburridísimas, pero quiero dejar constancia de que no fue fácil. Sea como sea, estaba claro que ninguna iba a perderse ese «Mujercitas». Durante muchos años, Ana, Vilma y yo nos habíamos limitado a destripar maridos, ex maridos, suegras y cuñados, y sólo Beth contaba novedades románticas, inmediatamente aniquiladas por nuestros rayos láser.

Ahora, Ana, nuestra erudita antropóloga, había conocido a un hombre, el primero después de su separación. Era como el grito de guerra del líder de la tribu, como el tiro de salida de los cien metros lisos, como coger un AVE en marcha (que tampoco sería nada del otro mundo en el caso del que pasa por Cataluña). Como si nuestras empresas respectivas, tan devaluadas últimamente, volvieran a cotizar en bolsa.

Esa noche, cuando cerraron el restaurante de la calle Sagués, tuvieron que fregar nuestro rincón con lejía, por la adrenalina derramada.

Cuando llegué, sólo estaba Beth, sentada a una mesa redonda al fondo del restaurante. No había tenido tiempo de preguntarle por mi ahijada, cuando oí la voz de Vilma, que acababa de entrar con Ana. Las vi avanzar entre las mesas y pensé que no podía haber dos amigas con dos estilos más diferentes. Vilma, delgada como el espíritu de la golosina, llevaba un pantalón de color caqui que —como su talla 34 indica— debía de haber sido diseñado pensando en que lo llevarían niñas de quince años, y no una madre de familia de 39 + unos cuantos. Repletos de bolsillos de todos los tamaños posibles, cremalleras cruzadas en todas direcciones y una especie de tiras de tela, a modo de flecos, colgando de las caderas. Una camiseta de Custo, confeccionada con retales de telas estampadas de todos los colores, completaban el *discreto* conjunto de Vilma. Se adornaba con unos pendientes en forma de pez que le colgaban hasta casi rozarle los hombros. Rizos rojizos se escapaban traviesos de su cola de caballo.

Y detrás de Vilma venía Ana, pantalón blanco impecable y blusa estampada en blanco y gris. El cabello muy corto, castaño oscuro, unas perlas pequeñas en los lóbulos de las orejas, maquillaje muy ligero. Todo en ella es suave, redondeado y discreto.

En esa primera cena de la nueva era iniciamos una costumbre que se transformó en seguida en tradición: confeccionar una especie de ficha con cuatro datos sobre el hombre del que nos proponíamos hablar. Así que Ana nos situó rápidamente:

Nombre: Javier
Edad: 43
Profesión: Director de sucursal de La Caixa
Sintonía del móvil: Himno del Barça
Estado civil: Separado

El tal Javier es padre de una niña, Carla, que va a la clase de los gemelos de Ana en la guardería La Flor del Guisante. La clase en cuestión se llama *los rabanitos* (observo que en el mundo de las guarderías se está produciendo un trasvase del reino animal al reino vegetal, en mi época todo eran *tortugas* y *caballitos de mar*).

Javier lleva medio año separado, después de tres de matrimonio. La reacción de Vilma es inmediata:

—Malo. Si su matrimonio sólo duró tres años tenemos tres posibilidades: a) su mujer lo ha abandonado por otro, b) él se fue con otra que tampoco le ha durado; y c) tiene algún defecto que no es fácil descubrir hasta que vives un tiempo con él. En el caso a) tenemos a un traumatizado, en el caso b) a un inconstante, y en el c) ... a un tarado.

Aquí interviene una servidora que, como no participo activamente en el baile al ritmo de *It's raining men*, me he reservado el papel de director de orquesta o, mejor, de DJ. Intento poner orden, tomo nota para que quede constancia de las conversaciones, encargo las tareas y, finalmente, soy el tribunal y dicto sentencia.

—A ver, Ana, tarea para las próximas semanas: averiguar el motivo de la separación y qué relación mantiene con su ex.

Beth, que es nuestra reserva espiritual de romanticismo, solicita un tipo de información menos decisiva pero que también hay que tener en cuenta: ¿es atractivo?, ¿divertido?, ¿interesante?

Ana piensa un poco antes de responder. Lo entiendo: ¡sólo ha cenado con él una vez! Finalmente, éste es su resumen:

—Es atractivo. Se mantiene en forma y tiene los ojos bonitos. ¿Divertido? No especialmente, pero es simpático y bien educado. ¿Interesante? Depende. Mantuvimos una agradable conversación sobre la educación de los hijos, interrumpida en dos ocasiones por mensajes de móvil...

—¡Oh, no! ¿Su ex?

—Que va: su colega, que le informaba de los goles del Barça.

Se produce un silencio elocuente. Ana capta todo lo que no decimos y suelta:

—¿No estaréis pensando que es un motivo para descartarlo? En *El planeta de los simios* ese comportamiento es la norma...

—Cuando dices *El planeta de los simios* ¿quieres decir el mundo masculino? ¡Cómo te pasas!

—Es cariñoso, de verdad...

—De todas formas, una cosa es que le guste el fútbol y otra muy distinta que en una primera cita esté pendiente de los goles...

—Y que lleve el himno del Barça como sintonía en su móvil...

—Por cierto: ¡no veas qué móvil! ¡De esos que son teléfono/cámara fotográfica/ordenador/secador del pelo y tostadora!

—Uy, a ver si el tal Javier va a ser un obseso de las últimas tecnologías... ya sabéis, de esos que han cambiado los Action Man y el tren eléctrico por los móviles de última generación y las agendas electrónicas... ¿le preguntaste «a qué dedica el tiempo libre»? —Es Vilma y lo ha dicho entonando la canción de Perales.

—Juega al golf.

—Buff... Ana... me temo que este chico se está acercando peligrosamente al suspenso: La Caixa, el Barça, nuevas tecnologías, golf... es un pack que, francamente...

—Yo le concedería una segunda oportunidad, pero sin demasiado entusiasmo.

—De acuerdo. Os pasaré el informe.

—OK.

Pido postre y *limoncello* helado y ataco.

—Y vosotras dos ¿qué? ¿Aún no habéis desplegado las antenas?

Vilma le da a Beth un golpecito en el hombro que quiere ser cariñoso y dice:

—Ésta las lleva desplegadas desde que nació. Cualquier día va a tropezar con ellas.

Beth se defiende:

—El amor con mayúscula lo puedes encontrar en los lugares más insospechados...

—El amor con mayúscula es una falta de ortografía —dice Vilma, y os juro que puedo ver su lengua bífida.

Sirvo el *limoncello.* Vilma se lo bebe de un trago.

—¡Vilma! —chilla Beth, escandalizada—. Pero ¿no estás amamantando a Mateo?

—¿¿¿Yo??? ¡Ni hablar!

—¿No tienes leche? —pregunta Beth, inocentemente.

—Tanta como quieras, pero mala —contesto.

—Qué graciosa. —Vilma me saca la lengua—. Sólo le di el pecho a mi primer bebé y lo dejé al cabo de un mes, harta de sentirme más vaca que mujer.

Beth protesta, ahora en serio:

—Pues yo lo encuentro muy emocionante, la verdad. Lamenté mucho tener que destetar a Telma.

—¡«Destetar»! Pero ¿te estás oyendo?

Vuelvo a insistir. Más que nada porque el debate sobre la lactancia materna lo hemos tenido cien veces y me aburre mortalmente:

—Vamos, contad... ¿vosotras os habéis fijado en alguien?

Vilma pone los ojos en blanco:

—Sí, me he fijado en ti, que cada día eres más pesada.

Pero Beth ha esbozado un mohín con los labios, así que Ana y yo nos lanzamos a por ella (metafóricamente hablando), y acaba confesando:

—Tengo fichado a un hermano de mi vecino. Va a menudo a casa de su hermano a cenar con amigos y es una monada. La próxima vez intentaré una aproximación. Yo diría que no tiene pareja...

—Uy, uy, uy...

—No empecemos. Nosotras tampoco tenemos pareja y somos normales.

Nos da un ataque de tos colectivo que termina en grandes risotadas. El camarero de Los Inmortales nos mira con una expresión que está justo a mitad de camino entre la envidia y la compasión. ¿Qué debe de pensar? «Mira a estas cuarentonas, qué bien se lo pasan ellas solitas» o «Qué patético, maduritas divorciadas riendo como adolescentes borrachas»...

Antes de irnos les hago prometer a las otras que convocarán

una cena si tienen nuevos hipotéticos fichajes para que podamos hacer una valoración.

—Pero estas cenas —pregunta Beth—... ¿Serán del tipo «Mujercitas» o del tipo «Thelma y Louise»? Porque en realidad...

—«Mujercitas» seguro que no, nosotras ya no esperamos encontrar un príncipe azul, ya no buscamos al hombre de nuestra vida...

—Pero tampoco son «Thelma y Louise»... Las cenas «Thelma y Louise» las teníamos cuando estábamos casadas o con pareja, y con ganas de mandarlo todo a paseo, ¿no? Ahora, para bien o para mal, ya no hace falta que rompamos con nada porque ya no queda prácticamente nada que romper...

Viendo que se están dispersando, intervengo:

—A ver: de hecho, podríamos decir que lo que estáis haciendo es... buscar un hombre... pero sin fines matrimoniales, ¿no es así?

—Queremos hacer un estudio de mercado —dice Vilma.

—Queremos hacer una selección de personal —dice Ana.

—Queremos enamorarnos —dice Beth.

Quedamos en que pensaremos en ello y la próxima vez decidiremos el nombre de esas cenas.

Cuando llego a casa, no puedo evitar pensar en Vilma, Ana y Beth, que tendrán que meterse en una cama vacía y fría. Me desnudo en el comedor para no despertar a Juan y me meto en la funda nórdica muy de prisa, porque la casa está helada.

Me arrimo a su cuerpo calentito y él, dormido, se pega a mi espalda y deja su brazo muerto encima de mi cintura, aplastándome una costilla. No sé si podría dormir sola en esta cama inmensa, sin sentir en la nuca su respiración acompasada. Le acaricio la mano y, de repente, ¿qué pasa? ¡Oh, no, es el «hipo-huracanado de Pepepótamo»! ¡¡Está roncando!! Mientras sus ronquidos me acunan y, finalmente, me duermo, vuelvo a pensar en mis amigas, solas pero cómodamente desparramadas en una cama amplísima y en una habitación silenciosa. Mañana voy a ir a la farmacia a comprar «Buenas noches» para los ronquidos de Juan.

¿Y cómo es él?

¿Y cómo es él?

¿En qué lugar se enamoró de ti?

¿De dónde es?

¿A qué dedica el tiempo libre?

José Luis Perales

Hoy, domingo, al levantarme el cerebro se me ha trastocado y me he puesto a cocinar. He preparado una *fideuà* que estaba para chuparse los dedos. Tengo que reconocer que he cambiado algo la receta porque me faltaban algunos ingredientes (nunca he conseguido tener ropa de «fondo de armario» ni productos de «fondo de despensa»). Para el sofrito, al que según la receta se le añaden almendras picadas, he tenido que trocear unos pistachos, y en lugar de cigalas, unas gambitas congeladas. Pero os puedo asegurar que ha quedado muy bien, porque el caldo de pescado era de una marca buenísima y le da un sabor de mar impresionante. De segundo, chuletillas de cabrito rebozadas (esto es fácil, pero salen por un ojo de la cara) y, de postre, un melón que me ha quedado insuperable.

El caso es que, entre una cosa y otra, me he pasado la mañana en la cocina y cuando ha llegado la hora de comer, María ha empezado a decir que no tenía hambre. Le he visto coloretes en las mejillas tipo Heidi... y le he puesto el termómetro: 38 y medio. Un yogur, Dalsy y a la cama.

Inmediatamente, Octavio ha dicho que él tampoco se sentía muy bien, que no quería comer. Lo he observado con ojo crítico: ha perdido tres o cuatro kilos, tiene ojeras, lleva el pelo demasiado largo y no muy limpio. Y siempre tiene cara de asco, como de oler a mierda. Según su prima Raquel, Tiffanny es la razón de todos sus males.

Y justo en ese momento he tenido un ataque de incontinencia verbal y he comenzado a largar. Le he dicho que no hacía falta dramatizar con eso del primer amor. Que justo acaba de empezar y todavía quedan muchas Tiffannys. Que en la calle hay más chicas cursis que cagadas de perro. Que si creía que me apetecía preparar una *fideuà* el único día que podía quedarme en la cama hasta más tarde. Que nuestra casa no es un restaurante, hoy como, hoy no como. En fin, esas cosas que decimos las madres en situaciones parecidas. Sin darme cuenta, se ve que mi tono de voz ha ido adquiriendo decibelios mientras mis facciones se iban crispando, porque la pequeña Berta me ha dado unos tironcitos de manga y me ha dicho: «Mamá, cállate, te pareces a Misae.» (Nota: Misae es la mamá de Shin Chan, el protagonista de unos dibujos animados japoneses de mucho éxito entre la audiencia infantil. Misae es una madre absolutamente histérica, que se pasa el día gritando y a la que se le desfigura la cara cuando se enfada.)

—Ah, pues si tú eres Misae, yo soy Shin Chan —ha intervenido Octavio. Y, sin más, se ha puesto en pie, nos ha dado la espalda y se ha bajado el pantalón de deporte y los calzoncillos. Es decir, ha hecho un calvo, nos ha enseñado el culo.

¿Creéis que en ese momento tenía que escapárseme la risa y debía terminar la escena con un golpecito en el hombro del chaval diciendo: «De acuerdo, no comas si no tienes hambre...»?

Pues no lo he hecho. He dicho, gritando como una histérica, exactamente como si fuese Misae:

—¡Octavio! A tu habitación y, si quieres hacerme caso, asoma la cabeza por la ventana y traga aire puro —¿aire puro, en un cruce del Eixample de Barcelona?—, porque ése será el único contacto que tendrás con el mundo exterior durante mucho tiempo.

Octavio se ha largado con el tradicional portazo y Berta se ha echado a llorar. He mirado a Juan, que me ha dirigido (él lo va a negar pero juro que es verdad) una mirada recriminatoria. Entonces, para rematar la jugada, he dicho:

—Y mañana, ¿qué hacemos con María?

Silencio.

—¿Me has oído?

—... Sí. Llamamos a Geo, ¿no?

(Geo, lo recordaréis, es la sobrina *heavy* de Juan, la que le hace perder un kilo por disgusto a mi cuñada (estoy segura que yo, con el disgusto de Octavio, comeré Caprice des Dieux compulsivamente y pillaré dos kilitos).

—¿Llamamos? Me encanta ese plural mayestático que usas... Sí, llamadla, llamadla, señor...

Reconozco que estoy insoportable. Sí, ¡lo reconozco! Necesito airearme un poco y, mira qué casualidad, me llega un sms de Beth proponiendo una cena. Parece que hay novedades. «Oh, sí, oh yeah», dice la diablilla que tengo sentada en mi hombro derecho. «María está enferma», dice la angelita del otro lado, con esa vocecita repelente que tenían las niñas más pelotas de la clase del colegio de monjas. ¿Qué hago? ¿Qué hago?

—Juan, las chicas me han convocado a una cena... ¿qué te parece si voy?

—Claro, mujer.

—Es que... como María está enferma...

—No está enferma... sólo tiene unas décimas de fiebre... y se quedará conmigo. Ve, y si hay alguna novedad te llamo.

A veces, Juan es un sol. Estoy segura de que hoy, además, perderme de vista durante un rato le parece un regalo caído del cielo (y no es que quiera restarle méritos). Lo entiendo, de verdad. Estoy literalmente insufrible.

Me visto, les echo un vistazo a las niñas, que duermen tranquilas y me despido de los chicos. Cuando estoy a punto de salir de casa, vuelvo atrás, cojo un támpax del aseo y lo meto en el bolso: mi nivel de cabreo con el mundo es tal, que estoy segura que la regla está al caer.

Esta vez, el restaurante es un argentino de la plaza Letamendi que se llama Pampero. En nuestra ruta gastronómica parecemos El Capitán Tan y sus «viajes a todo lo largo y ancho de este mundo».

Cuando llego, las otras tres ya están bebiendo un excelente vino de Mendoza que me apresuro a probar para ver si me mejora el humor. En el momento de sentarme a la mesa, me arrepiento de no haberme arreglado un poco. Al lado de mis amigas me siento aburrida y deprimente. Vilma luce bronceado UVA con un conjunto de camiseta y pantalón de color fresa y espectacular collar de arandelas de plata entrelazadas. Ana, que con gran esfuerzo ha perdido tres kilos y está incluso más guapa con los pómulos marcados, lleva un pantalón color piedra y un jersey de punto de seda de color hueso. Y Beth estrena corte de pelo y se ha aclarado un poquito las mechas de su rubio natural. Está muy guapa.

Achuchamos a Beth para que nos dé la primicia. Se trata, como ya anunció en la última cena, del hermano de su vecino, con quien esta semana se ha tropezado casualmente en el ascensor.

—Ya te imagino con la cara pegada a la puerta, espiando por la mirilla como hacen las viejas cotillas y esperando el momento propicio para atacar. —Vilma describe la situación con una crueldad que Beth se ve obligada a matizar.

—Mujer, tampoco es eso... estaba leyendo y oí voces en el rellano...

—Ya. ¿Leyendo en el recibidor?

—Bueno, eso da lo mismo... veamos, Beth, la ficha, por favor.

Nombre: Felipe

Edad: 46

Profesión: Bibliotecario

Sintonía de móvil: *La flauta mágica* de Mozart

Estado civil: Soltero y solo en la vida

—¿Estás diciendo que lleva gafotas, un flequillo pegado al cráneo y un chaleco de punto?

—Ése es Jerry Lewis en *El profesor chiflado*, niña... No, la verdad es que es muy elegante: pelo canoso, espeso y cuidado, jersey de cachemir azul cielo, conversación fluida y culta.

—Caray, qué perla. ¿Y cuántas veces ha estado casado?

—Ninguna.

—Bueno, da igual... ¿cuántas parejas estables ha tenido?

—Parejas de convivir... ninguna.

—¿¿Ninguna?? ¿¿Con 46 años?? ¡Quita! ¡Quita! ¡¡Debe de tener algún problema... y gordo!!

—Quizá sólo sea que es muy inteligente.

—Quizá.

Ana acaba de recibir un mensaje. Mira el nombre que aparece en la pantallita del teléfono y dice, muy digna: «Ya lo leeré más tarde.» Los gritos de protesta hacen salir de la cocina a Ricardo: «¡Eh! ¿Qué pasó, boludas?»

Ana se disculpa por los gritos y se resigna a abrir el mensaje que, evidentemente, es de su Javier, el director de La Caixa. Aceptamos que lo lea ella primero. Lo hace. Sonríe como una boba. «Te echo de menos más que a la nicotina. Buenas noches.»

—Está dejando de fumar —aclara Ana, con mirada de corderito.

Noto un aguijonazo de envidia tan agudo que temo haberme puesto verde. ¡No recordaba esa mirada...! Es la mirada que se tiene tras los lentes que nos hacen verlo todo de color de rosa. Ya sé, ya sé... son unas gafas de mercadillo, que se rompen en seguida... duran cuatro días y después vuelves a verlo todo otra vez de color amarronado... pero qué queréis que os diga, me gustaría volver a ponérmelas un momentito...

—Y tú, ¿Vilma? —La pregunta de Beth me devuelve a la vida y mi piel recupera su tono «natural» de base de maquillaje L'Oréal.

—¡Eso, eso! Y tú, ¿qué? —Ana y yo nos añadimos con entusiasmo.

—Yo nada —dice ella, rotunda—. Lo último que me apetece es enamorarme, os lo puedo asegurar.

—¿Y quién ha hablado de amor? —¡Es Beth! ¡Nuestra reserva espiritual de romanticismo!

—Ni amor ni monsergas, no quiero ver a un hombre ni en pintura. Me basta con ver a Claudio de vez en cuando, y hacerlo es como una vacuna contra los malos pensamientos.

—Os estáis volviendo tan exigentes que así no hay manera de encontrar nada potable —digo yo, desanimada.

—Es que cuesta mucho encontrar a alguien que realmente te

guste —asegura Beth y añade, mirándome a los ojos—. Tú, con Juan, porque ya te has acostumbrado...

¿Será que el secreto de un buen matrimonio es acostumbrarse? Ana, que de momento es, con mucho, la más positiva, la mejor dispuesta a iniciar una aventura sentimental, hace un resumen bastante exacto de la situación, utilizando términos que conoce muy bien:

—Yo lo que tengo claro es que no quiero saber nada más de *Australopithecus*. Yo, de *Homo habilis* en adelante.

Y como somos curiosas de nacimiento, Vilma, Beth y yo empezamos con las preguntas y esa noche aprendimos muchas cosas sobre el origen del hombre. Lo digo porque no está mal subrayar que nuestras cenas no son siempre y únicamente un momento de pura evasión y frivolidad. A veces hablamos de cosas interesantes.

—¿Quién era el *Homo habilis*? —pregunto.

Y antes de que Ana pueda responder, Vilma interviene:

—Ahora, Ana nos lo explicará desde el punto de vista científico, pero tenéis que reconocer que así, de entrada, el nombre suena bien. Es muy difícil encontrar un hombre realmente hábil, ya me entendéis...

Y nuestra antropóloga empieza la lección:

—A ver, resumidamente: el *Homo habilis*, que encontramos en el Paleolítico inferior, fue el primero capaz de crear herramientas con piedras. Golpeaba las piedras por una sola cara hasta que adquirían una forma cortante. Después llegó el *Homo erectus*, que mejoró la técnica y fabricó hachas que cortaban por las dos caras.

—¿Ésos ya eran *Homo sapiens*? —pregunta Beth, inusitadamente interesada por la antropología.

—No, eso fue en el Paleolítico medio. El *Homo sapiens neanderthalensis*...

—¡El hombre de Neanderthal! —apunta Beth, entusiasmada como si hubiese reencontrado a un viejo amigo.

—Exacto. El hombre de Neanderthal ya fabrica herramientas más especializadas, como puntas de lanza y punzones, y sabe encender fuego.

—O sea, que desde entonces apenas ha evolucionado... —dice la lengua viperina.

—No seas mala, Vilma... En el Paleolítico superior encontramos al *Homo sapiens sapiens*, que perfeccionó las herramientas trabajando con piedras y huesos y domesticó los primeros animales. Es conocido como el hombre de Cromagnon.

—Yo creo que Felipe es un *Homo sapiens sapiens* —dice inocentemente Beth.

—Javier... —Ana se lo piensa—. Todavía no lo sé, pero como le gustan tanto las nuevas tecnologías, yo creo que, como mínimo, es *Homo habilis*.

Falta Vilma, claro:

—Yo, hasta que no encuentre un *Homo erectus*, en sentido literal...

Nos reímos como locas, ayudadas significativamente por el vino de Mendoza.

¿Qué hace una chica como tú en un sitio como éste?
¿Qué clase de aventura has venido a buscar?
Los años te delatan, nena,
estás fuera de sitio.
Vas de caza,
¿a quién vas a cazar?

BURNING

Ha venido mi hermana Lola, seis años luz más joven que yo. (Aclaración: Lola y yo solamente nos llevamos seis años, pero como ella es soltera y sin pareja estable, es decir, que su vida consiste en un feliz encadenamiento de fiestas y viajes, un buen sueldo y cero responsabilidades, y yo soy una sacrificada madre de familia... pues eso, que mantenemos una cordial conexión intergaláctica.)

Mi hermana, tenéis que saberlo, es la diplomacia en persona. Por eso, una vez sentadas a la mesa de la cocina con un café con leche delante, me suelta:

—He venido por dos razones, Ilia: para que me cuentes la separación de Vilma, que me parece que tiene morbo, y para que me prestes algo de pasta, que hoy es día 24 y a mi VISA no la reanimaría ni Brad Pitt practicándole el boca a boca.

Respondo con su misma elegancia natural —es distintivo de familia:

—a) De la separación de Vilma ya sabes suficiente sabiendo que se ha separado y b) ¿¿¿cómo puede ser que no llegues a fin de mes si no tienes más gastos que tú misma??? ¿Cuánto necesitas?

Lola me asegura que tiene muchos, muchísimos gastos, y empieza con una lista que no estoy dispuesta a escuchar porque mi decencia no me lo permite: ropa, cenas con amigos, ropa, gimnasio, ropa, estética, ropa, cine y teatro, ropa, decoración... Todo absolutamente imprescindible, como podéis observar.

La riño cariñosamente (repelentemente, en realidad, pero qué se le va a hacer, es difícil perder el estigma de hermana mayor) y Lola se defiende con este argumento tan contundente:

—Chica, ¡qué quieres! El sueldo llega sólo una vez al mes..., y me dura tres o cuatro días. ¡¡Como la regla!! —Y se ríe a carcajadas de su propio chiste.

Cuando le suelto la pasta, se levanta y se pone la chaqueta. No hace falta perder ni un minuto más, claro. Eso sí, me da un gran abrazo y un montón de besos (lo que siempre es de agradecer, la verdad) y me dice, antes de largarse: «Y una cosa, Ilia, si Vilma se ha separado, Ana también y Beth está sola... quiere decir que tus tres mejores amigas ya han visto la luz... ¡¡A ver si te pones las pilas!!»

Al día siguiente, cuando suena el despertador, hago caso a mi hermana, me pongo las pilas y me dispongo, cual aplicado conejito de Duracel, a cumplir con todas mis variadas actividades hasta el final del día.

Cuando llego a la redacción ya me están esperando para empezar una maratoniana reunión que soporto con una paciencia impropia de mí (ayudada por el sudoku del periódico, que voy haciendo discretamente mientras escucho los argumentos terriblemente reiterativos de mis colegas). «Y dura, y dura...» En la comida, Vilma me cuenta con todo lujo de detalles su última pelea con Claudio, mi madre me llama para pasarme el parte médico y me trago un sándwich de la máquina que —¡horror!— lleva pepinillo, a pesar de que en el envase no lo dice. Le hago la autopsia al bocata, quito los asquerosos trocitos verdes y me como el resto, sabiendo que mañana es posible que haya aparecido mi amigo el herpes labial por el asco con que me lo estoy comiendo. «Y dura, y dura...» Por la tarde, acabo de redactar el reportaje sobre el aumento de público en las obras de teatro que cuentan, en el reparto, con un actor o una actriz que haya salido recientemente en una serie de televisión (¿por qué somos tan tontainas?). Mientras reflexiono sobre esta evidente falta de criterio del personal, pierdo de vista la hora y cuando me doy cuenta, son las seis.

¡Dios mío! ¡María y Berta salen del colegio a las seis! (y eso porque tienen una hora de actividades extraescolares, en este caso, aeróbic —¿aeróbic en el ciclo inicial?).

Invierto los siguientes veinte segundos en apagar el ordenador mientras me pongo el abrigo y digo «Adiós, ya te llamaré» a

Vilma. Veinte segundos más y estoy en la calle parando un taxi, mientras busco en la agenda del móvil el número de alguna madre del colegio que acostumbre a recoger a los críos los miércoles y con la que tenga suficiente buen rollo como para pedirle que recoja a mis niñas y me las guarde hasta que yo llegue. ¿Maite, la mamá de Clara? Es muy simpática, y seguro que aceptaría, pero tiene un niño de seis años, una de cuatro y un bebé. Siempre va cargada como una mula y con el cansancio tatuado en el rostro... no tengo morro para pedirle el favor.

¿Celia, la mamá de Marcos? Somos bastante amigas, pero suele tener incluso más prisa que yo. Además, no tengo ni idea de qué días va al colegio, porque es controladora aérea y tiene unos horarios rarísimos. Lo pruebo de todas formas... el teléfono está fuera de cobertura. Espero no haber interferido en nada ni haber provocado un incidente en el aeropuerto de El Prat. En este momento, deben de depender de las instrucciones de Celia un centenar de aviones, todos cargados de pasajeros... ¡Señor, y yo digo que mi trabajo es estresante!

¡Carmen, la mamá de Elena! Ésta seguro que va. No trabaja y por lo tanto siempre lleva y recoge a la niña. A veces, sé que se queda charlando con otras madres en la cafetería de enfrente del cole desde las tres de la tarde hasta las seis. No me cae muy bien y seguro que el sentimiento es mutuo, pero en caso de necesidad... busco y busco y, evidentemente, no tengo su teléfono en la agenda del móvil (no puedo llevar todos los móviles de las madres de tres clases, y escojo a las que me caen bien. Error, tendría que introducir algunos más, para casos como éste; esta noche lo haré). Finalmente, desolada, acepto que no me queda más remedio que llamar al colegio.

—¿Dígame?

—Hola, buenas tardes, soy la mamá de María y Berta Salvans (también soy Ilia Martí, pero eso a ellos les da igual). Mira, estoy llegando a la escuela, pero hay mucho tráfico y quizá me retraso... ¿podéis controlar que las niñas no salgan hasta que yo llegue?

—Sí, claro. Siempre lo hacemos.

(¿He dicho yo que no lo hagan? ¡Decidme: ¿lo he dicho?!)

—Sí, ya lo sé... pero quería asegurarme...

En realidad, la portera del colegio tiene razón: siempre lo hacen. No hacía falta que llamara. Me podía haber ahorrado la llamada y el berrinche, pero... pero ¿qué? Pues que hacerlo forma parte de la inmensa cadena de gestos cotidianos innecesarios que las madres nos empeñamos en mantener a pesar de que sabemos que son totalmente inútiles. Por ejemplo: decir a los niños «abrígate la garganta» cuando salen de casa en invierno. Un dos tres, responda otra vez: decir a los niños «abrígate la garganta» cuando salen de casa en invierno; pedir a los hijos mayores «no corras» o «no bebas» o «si bebes, no corras» los sábados por la noche; amenazar al resto de la familia con dramáticas promesas del tipo «escuchadme bien: a partir de hoy no recogeré nunca más vuestra ropa sucia del suelo de la habitación»... ¡Campana y se acabó!

Recojo a las niñas ante la recriminatoria mirada de la portera y nos vamos para casa. «Y dura, y dura...» Preparo la merienda, con la maternal intención de sentarme un ratito con ellas mientras la toman y comentar la jornada escolar, qué han aprendido, con quién han jugado... Justo cuando las niñas acaban de sentarse delante del tazón de leche con Cola-Cao, suena el móvil y me sumerjo en una inacabable discusión con un corrector del dominical que quiere cambiar dos palabras de mi reportaje, la primera por demasiado coloquial, la segunda por demasiado arcaica. Me niego en redondo. Me dice que es absurdo pelearse por dos palabras. Le respondo que para mí cada palabra que escribo en un reportaje tiene sentido, y que si tan absurdo es pelearse, que las deje como están. Me dice que eso es justamente lo que va a hacer y que de ahora en adelante se negará a corregir mis escritos, que debería darle las gracias por llamarme para consultar las correcciones... Colgamos. En la mesa de la cocina sólo quedan los dos tazones vacíos, el paquete de cereales caído y abierto, los cereales esparcidos... las niñas ya se han instalado frente al televisor y están viendo dibujos animados. Adiós a mi escena maternal.

Recojo la cocina y abro el congelador para sacar algo para cenar. ¿Qué puedo preparar que le guste a Octavio, alimente a las pequeñas y no me engorde? Tengo una especie de cortocircuito y no se me ocurre nada. Dios mío. Llevo quince años preparando cenas y ahora, de repente, no se me ocurre qué puedo hacer. Es una especie de pánico escénico.

Llega Octavio y me peleo con él para que me dé un beso, para que se duche, para que se ponga a estudiar, para que no me conteste «con ese tono». Finalmente, me decido por sopa de fideos y hamburguesas. Pongo la mesa mientras presto atención de reojo al telediario. ¿¿Con eso abren?? ¡¡¡Cómo puede ser, pero si la noticia no se merece más que un breve antes de los deportes!!! «Y dura, y dura...»

Cuando ya estamos todos sentados a la mesa, llega Juan. Despachamos los temas urgentes mientras se quita el traje y la corbata. Las niñas se están peleando y chillan, Octavio se queja: «¿Cenamos o qué?» El hombre del tiempo anuncia una ola de frío polar. Suena el teléfono, se cae un vaso y se rompe en mil pedazos.

Para distraerme, cuento las veces que me levanto de la mesa durante la cena: dieciséis. Me duele el estómago y empiezo con la jaqueca. «Y dura, y dura...»

Después de acostar a María y a Berta, le recomiendo a Octavio que no se quede chateando hasta las tantas, y le sugiero a Juan que veamos un rato la tele, pero ya en la cama.

Juan me dirige una sonrisa cómplice (y un poco guarrilla). «Adelántate —me dice—, escribo un correo que tengo pendiente y voy para allá.»

Supongo que es justo en ese instante cuando se me acaban las pilas porque ya no recuerdo nada más.

Je t'aime... moi non plus

Je t'aime	Te amo.
oh, oui je t'aime!	Sí, ¡te amo!
moi non plus	Yo tampoco,
oh, mon amour...	oh, mi amor...

SERGE GAINSBOURG

Ha pasado un mes desde la última cena, mucho más tiempo del que sería recomendable, así que he estado informándome de los progresos de las tres perlas y os pongo al corriente en un plis plas (no quiero que se convoque una nueva cena y vosotros no estéis al día, faltaría más).

Seguramente, la novedad más significativa por absolutamente delirante e inesperada, es que mi querida Vilma, la mujer madura y racional, conocida entre sus amigos masculinos como Vilma-iceberg-Banús, se ha encaprichado —mira que el verbo es horrible, pero no encuentro otro que se adapte con tanta precisión a lo que le pasa a Vilma— de un chico de veintisiete años, venezolano, al que ha conocido chateando, eso sí, con *web-cam*.

De manera que, a estas alturas, cuando esa tontería hace ya

tres semanas que dura, sabemos que el chico en cuestión es bastante guapo —con una pinta un poco macarrilla, pero hay que reconocer que no está nada mal—, que escribe con unas faltas de ortografía que claman al cielo, y que habla con el acento de Boris Izaguirre con unas cuantas plumas menos.

Vilma sólo se ha atrevido a confesarme a mí su peculiar manera de buscar a Charlton Heston entre los monos (ahora que estoy diciendo esto, se me ocurre que, en la foto que he visto, el chico tiene facciones algo simiescas).

Se llama Alfredo y no tiene oficio conocido. Nunca adivinarías cuál es su sueño: venir a la madre patria a buscarse la vida. Vilma jura y perjura que no dará ni un paso en falso, pero yo, francamente, la veo tan... ¿volvemos a decir «encaprichada» o utilizamos un adjetivo más preciso? ¿Cómo se puede estar, a los 39+1, encoñada de un tipo al que no has visto nunca en persona? Ah, pues resulta que sí se puede, porque eso del cibersexo parece ser que no es ninguna tontería, y que está la mar de bien. Vilma *dixit*.

De las otras dos sólo sé que Ana continúa apostando por Javier porque ha confirmado que se trata de un *Homo habilis*, es decir, que el chico ya ha demostrado sus habilidades en algunos aspectos, concretamente, en la cama. Beth, en cambio, creo que con el solterón Felipe no tiene las cosas muy claras.

Escribo un correo a mis tres cazadoras furtivas riñéndolas amistosamente por tener que ser yo, precisamente la única que no tiene novedades que contar, la que convoque una cena. Y anuncio que se trata de una cena «Thelma y Louise» porque el día anterior, es decir hoy, habré pasado un montón de horas en la mansión de los Plaff, o sea, en casa de mis suegros, para celebrar sus cuarenta y cinco años de casados.

De momento, la celebración ya me ha costado una pelea con Octavio, que no quiere ir bajo ningún concepto. Dice que los Salvans no son nada suyo y que, además, son insoportables. Los dos argumentos son incontestables. Pero los contesto: «Son los abuelos de tus hermanas —obvio contestar a la segunda apreciación— y sería de mala educación que no asistieras si te han invitado.»

A las cinco y media de la tarde salimos de casa de punta en blanco y Octavio con los pantalones caídos, una gorra con visera y una sudadera con capucha (la capucha por encima de la gorra). Y yo tan digna, como si no pasara nada.

La mansión de los Plaff ofrece un aspecto espectacular: una carpa blanca en el jardín, centros de nenúfares en todos los rincones, una iluminación elegante pero eficaz, un cuarteto de cuerda interpretando música barroca. Mi suegra y mis cuñadas calculo a ojo que llevan encima unos 12.000 euros entre todas (en ropa, claro, ¡joyas aparte!). Regina me dice que las niñas están «preciosas», que Octavio está «gracioso» y que yo tengo tanta personalidad que, me ponga lo que me ponga, «estás única». No entiendo qué me está diciendo exactamente, pero estoy casi segura de que me ha insultado.

Durante toda la velada echo de menos, como en otras ocasiones, un diccionario pijo-estándar/estándar-pijo para facilitarme la comunicación con la gente que me rodea. Mi suegra, mis cuñadas y la mayoría de los invitados, comparten un léxico propio, y no exagero.

«Me vestiré *casual*, con jeans, pulóver y un trench por si acaso» quiere decir: «Llevaré ropa informal, vaqueros, un jersey y una gabardina por si refresca.»

«Prepararé unas *crudités* en el wok» quiere decir: «Haré unas verduritas a la plancha.»

«Me han regalado un *plaid* de cachemir y una falda *vintage*» quiere decir: «Me han regalado una mantita de lana y una falda como de los años sesenta.»

«Iba muy *cool*, con un caftán burdeos y el *rouge* del mismo tono» quiere decir: «Estaba muy elegante, con una túnica de color granate y los labios pintados en el mismo tono.»

En mitad de la fiesta, llega la tía Parker, la hermana de mi suegra. Atención: la tía en realidad se llama Adelaida, pero todo el mundo la llama Parker porque cuando era pequeña estaba obsesionada con un libro que contaba las aventuras de un tal Joe Parker (según tengo entendido una especie de Tom Sawyer en malo). Que a una mujer de sesenta y dos años, que lleva en el dedo un garbanzo que deslumbra y casada con un tipo con título nobiliario la llamen Parker sólo puede suceder en una familia como la de mi suegra, no me digáis. En fin, el caso es que la tía Parker lamentó no haber podido vestirse para la ocasión y nos contó que ella y su marido llegaban directamente desde el aeropuerto, después de pasar unos días en isla Mauricio.

Hacia las once, con la excusa de que las niñas estaban muertas de sueño, nos hemos ido a casa. Octavio, contra pronóstico, estaba de buen humor: «Un chaval que había por ahí me ha prestado una consola que lo flipas.»

Antes de dormir, Juan me comenta lo que se ha divertido en casa de sus padres, yo le digo que todo ha salido muy bien y que me alegro de que él esté contento. Mientras Morfeo empieza a cosquillearme, tengo tiempo para pensar si Juan, en una fiesta familiar en mi casa, se sentirá tan extraterrestre como yo cuando estoy con los suyos. Seguro que debe de pensar que mi madre es una hipocondríaca obsesiva, mi padre un vejestorio que está p'allá, mi hermana una hippy irresponsable, mi hermano Víctor un independentista radical y mi hermano Roberto un bohemio inmaduro. Vistos así, realmente, no son ninguna maravilla.

De: Vilma

Para: Ilia

Asunto: Crónica social

¿Qué tal el fiestorro en la mansión de los Plaff? Quiero una crónica detallada de los modelitos y de las conversaciones llenas de «ideal» y «fenomenal». ¿Acudió Sito? ¿Y Sete?

¿Hemos quedado a las diez, no?

Re: Sí, hemos quedado a las diez en un libanés.

Re: Uy... cuatro mujeres, en un libanés...

Re: ¿¿¿???

Re: ¿No te acuerdas? Mi madre, cuando tiene que decir la palabra «lesbiana», si hay niños delante dice «libanesa». Siempre ha sospechado que mi prima Mónica es «libanesa».

Re: ¿Y lo es?

Re: ¡Y yo qué sé! ¡No seas cotilla!

En nuestros «viajes a todo lo largo y ancho de este mundo» vamos a parar, pues, al Líbano. Concretamente a un restaurante del barrio de Gràcia muy acogedor donde, por cierto, todo el servicio es femenino (¿a ver si al final la madre de Vilma va a tener razón?).

Ana llega tarde y resoplando: cuando venía, ha pasado por delante de una tienda nueva y ha entrado para comprarse un bolso de piel de color tabaco rubio, enorme y seguramente carísimo, que nos muestra de inmediato. La debilidad de Ana por los bolsos es digna de estudio. Los tiene de todas las medidas, materiales, colores y estilos, pero continúa comprando otro, y otro... y sea cual sea, lo llena de todo lo que se le puede ocurrir a una mente femenina y brillante como la suya: blocs de notas, chupetes de los niños, pintalabios, llaves, caramelos sugus, un sacapuntas con la forma de Mickey Mouse, un paquete de pilas...

Ana nos comunica, con euforia controlada, que su relación con Javier «progresa adecuadamente». Han descubierto que tienen bastantes gustos en común y han acordado que los días en que el Barça tenga partido no se verán. Dos buenas noticias.

Beth, en cambio, deja claro que Felipe «necesita mejorar». El hombre está lleno de manías, como corresponde a un soltero entrado en años que nunca se ha sometido a las normas de una convivencia. Al parecer, la primera velada íntima en casa de él fue bastante desastrosa. Beth pidió ketchup para acompañar la *pularda al marc de cava* que Felipe había cocinado exquisitamente y agotó todas las exclamaciones de admiración que se le ocurrieron mientras el chico «intentaba» que escuchara la Suite para violonchelo y orquesta Op.16 de Saint-Saëns. Cuando dejaron lo de la alimentación gastronómica y espiritual y entraron en materia, Felipe empezó a explicarle a Beth que él practicaba el sexo tántrico, ya sabéis, eso de no tener prisa y alargar el momento del deseo y retardar la eyaculación hasta el límite..., que en principio parece que está muy bien, pero... se ve que el tal Felipe no paró de hablar en todo el rato: que si hay que tener una visión tántrica de la vida, que si hay que favorecer el desbloqueo emocional, relax, sobre todo relax, que si la sexualidad es una fusión entre la masculinidad y la feminidad... total, que Beth, en lugar de relajarse se fue poniendo nerviosa, nerviosa, hasta que le cogieron calambres en los dedos gordos de los pies.

—La escena fue bastante grotesca: mientras yo daba saltitos sobre un pie para ver si conseguía que se me pasara el calambre, Felipe continuaba dándome consejos, con voz suave y calmada: relájate, libera tu musculatura... mientras su propia musculatura no se relajaba ni un pelín y mantenía una erección firme y poderosa. —Beth se pone colorada mientras las demás soltamos una risotada.

—¡Ostras! ¡Felipe sí que es un auténtico *Homo erectus*! —dice Vilma. Y finalmente, Beth se une a nuestras risas mientras levanta la copa de vino rosado.

—¡Brindemos por Felipe y por su erección tántrica!

—Y, Beth, ya sabes, lo que pone en las tapas de los yogures que no llevan premio: ¡siga buscando!

El clinc de las copas casi no se oye entre nuestras risas descontroladas.

> Yo soy rebelde
> porque el mundo me ha hecho así,
> porque nadie me ha tratado con amor,
> porque nadie me ha querido nunca oír.
>
> JEANETTE

Mi amiga Beth es realmente constante. La semana pasada descartó a Felipe y hoy ha venido a verme para decirme que ya tiene otro candidato. Ha pasado por mi casa al salir del trabajo y María la miraba fijamente, extrañada. Cuando Beth le ha preguntado qué pasaba, la niña le ha contestado que por qué se había «disfrazado de señora».

No me extraña. Tan delgadita, con su flequillo rubio, la seductora peca en la barbilla, sus ojos de gato, y con unos vaqueros y un polo de color rosa, Beth parece una niña. Hoy, vestida de secretaria de dirección, con un traje chaqueta oscuro y el pelo recogido, parecía una adulta. Una adulta jovencísima, pero adulta.

Le pregunto de qué especialidad es el nuevo candidato.

—No es médico —dice.

De verdad que es para partirse de risa: cuando el padre de Beth, el prestigioso neurólogo Alejandro Maluquer, le encontró trabajo a la niña como administrativa en el hospital donde trabajaba, todo el mundo pronosticó, medio en broma medio en serio, que acabaría casada con un médico.

Ahora ya van a cumplirse quince años desde que Beth trabaja en el hospital, es la secretaria del director, su padre ya se ha jubilado y ella no ha salido con ningún médico ¿lo podéis creer? En la lista de hombres que han caído rendidos a sus pies figuran enfermos, enfermeros, visitantes de enfermos, celadores y hasta un camarero de la cafetería del hospital, pero ni un solo médico.

—Dime quién es, dónde lo has conocido...

—Lo he conocido en la cafetería del hospital... tiene a su madre ingresada. No sé casi nada de él... pero me gusta mucho.

—Es un buen principio.

—¡¿A que sí?!?

«Qué entusiasmo tan desmedido —pienso—. Sólo se trata de un buen principio...»

Llego a la redacción como siempre en los últimos tiempos: tarde y con un cabreo monumental. La culpa la tiene el aparcamiento (mejor dicho: la falta de aparcamiento) y el alcalde de Barcelona, que ha decidido pintar las calles de colorines: están todas repletas de zonas azules y zonas verdes (para los felices mortales que lo desconocen: las verdes son las zonas de aparcamiento baratas para las personas que residen en el distrito).

Antes, si llegaba temprano, tenía alguna posibilidad de aparcar en uno de los callejones cercanos al periódico y, como mal menor, aparcaba en zona azul, que era un coñazo y muy cara, pero no prohibitiva, como ahora. Desde hace unos meses, las zonas «grises», quiero decir las normales, sin pintar, como eran las calles cuando éramos pequeños vaya, no existen, y la zona azul sale más cara que los parkings privados, lo que tratándose de parkings barceloneses, ya es decir.

Supongo que el alcalde (en el caso afortunadamente hipotético de que escuchara mis recuerdos cariñosos de todas las mañanas) me diría que lo que tengo que hacer es utilizar el transporte público, pero yo le contestaría que desde mi casa no tengo buena combinación, sobre todo teniendo en cuenta mi apretado horario de madre-trabajadora.

Resumiendo, una vez más dejo el coche en el parking y me resigno a ceder al señor SABA una parte significativa de lo que ganaré trabajando toda la jornada. Antes de empezar a producir le propongo a Vilma un café en la sala de máquinas —un rincón pequeño, oscuro y mal ventilado donde hay una máquina de café y derivados y otra con donuts, galletas saladas y otras porquerías. Antes, durante la primera glaciación, cuando los hombres y las mujeres fumábamos, también había un cenicero gigante.

Le comento a Vilma que Beth está ilusionada con un hombre que ha conocido en la cafetería del hospital.

—Que pase horas en el hospital porque tiene a su madre ingresada es una buena señal —le hago ver—: Quiere decir que es un tío sensible y responsable.

—También es una mala señal —me hace ver Vilma—: Quiere decir que tiene madre.

— ...

—Claro que si está ingresada... con un poco de suerte...

—¡¡Vilma!! —Finjo escandalizarme; es lo que toca, ¿no?

Dejamos a Beth y a su nuevo candidato y hablamos acerca de sus intensas relaciones sociales nocturnas frente al ordenador. Me cuenta que ha agregado otro *amigo* a su lista del chat.

—Es un tipo muy divertido..., gracioso de verdad.

—¿Cómo se llama?

—Me gusta la maría.

—¿¿Qué??

—No sé cómo se llama, su *nick* es «Me gusta la maría».

—Pues, chica, si ya empieza reconociendo que le gusta otra chica...

Vilma me observa subida en su condescendencia, mientras empieza a sonreír:

—La maría de fumar, Ilia...

—¡Aaahhh!

De repente me acuerdo de su cibernovio venezolano.

—¿Y Alfredo?

—Bien, muy dulce, incluso demasiado, para mi gusto.

—¿Aún hablas con él?

—De vez en cuando.

—Por cierto, no rellenaste su ficha. Tienes que preguntarle qué sintonía lleva en el móvil...

—Qué manía.

—Mujer, ya sabes que eso aporta mucha información sobre la personalidad del candidato en cuestión.

Cuando volvemos a nuestras mesas respectivas y abro el correo, veo entre la veintena de mensajes nuevos, un mail de Ana que, evidentemente, abro en primer lugar. El cebo que Ana ha colocado es el nombre de un popular actor de teatro (popular desde que salió en una serie de televisión, claro), bastante atractivo, de voz profunda y semibarba grisácea.

Para: Ilia

CC: Vilma, Beth

Asunto: ¡¡¡David Vidal!!!

Chicas, vais a alucinar. He conocido, en persona, a David Vidal. Y cuando digo que le he conocido no estoy hablando de haberle visto de lejos en un bar de copas, ni de que me lo hayan presentado fugazmente, ni de que hayamos mantenido una breve y convencional conversación de ascensor. Cuando digo que le he conocido quiero decir que he estado cenando con él —y ocho personas más—, en casa de mis amigos Laura y Luis. Celebrábamos los cuarenta y cinco años de Luis y su hermana se presentó acompañada por él: ¡David Vidal in person!

¿Qué? ¿Verdes de envidia? Eso NO es todo. En la cena surgió la idea de ir a ver la obra que está representando David en el teatro, así que el viernes volveré a verlo. Supongo que acabada la función iremos a tomar una copa. ¿Queréis que le diga algo de vuestra parte? ¿Un autógrafo?

Re: Sí. ¿Le puedes preguntar qué tipo de personas eran sus padres, que llamándose Vidal de apellido escogieron el nombre de David? Da-vid-vid-al. ¿A quién se le ocurre? Siempre me lo he preguntado.

Re: ¿Alguna cosita más?

Re: Sí: no nos dejemos impresionar por famosillos que salen en la tele, por favor...

Aquí se ha terminado la conversación, porque Vilma y yo hemos sido convocadas a una reunión urgente de toda la redacción. Lázaro (Lázaro Mumbrú, coordinador del dominical) nos esperaba con cara de pocos amigos.

—Malas noticias. Ha caído Javier Bardem. Tenemos un *Teneré* para el domingo, día 3.

Traducción para seres humanos normales: «Ha caído Javier Bardem» no quiere decir que el actor-que-siendo-el-más-feo-resulta-más-atractivo haya tropezado y se haya pegado un batacazo..., quiere decir que no se puede hacer la entrevista que estaba pactada y que iba en portada el domingo, día 3. Tenemos, por lo tanto, una portada vacía (como un desierto, el del Teneré, por ejemplo) y también vacías unas tres o cuatro páginas interiores.

Las palabras del coordinador nos dejan helados. Se hace un silencio más denso que cuando en la casa de Gran Hermano preguntan a los concursantes qué libro estaban leyendo antes de entrar en el programa. Sólo se oye un toc-toc que me va poniendo supernerviosa hasta que descubro que soy yo, dando golpecitos con el boli en la mesa.

—¡Por favor, las ideas de una en una! —dice Lázaro con una sonrisa socarrona—. ¡Todos a la vez, no!

Pasea la mirada sobre nosotros, la mayoría agachamos la cabeza. Me acuerdo del colegio de monjas, cuando sor Gertrudis hacía lo mismo al disponerse a preguntar la lección y yo también miraba fijamente al suelo, pero de repente notaba la presión de su mirada clavada en mí...

—¿Ilia? —dice Lázaro.

«¿Por qué yo?», me preguntaba, cuando sor Gertrudis decía: ¿Martí?

Intento desesperadamente tener una buena idea, un personaje indiscutible, un reportaje interesante... sé que llevo semanas sin hacer una aportación realmente brillante a las reuniones de propuesta de temas. Busco y rebusco, repaso a las personas que me rodean para ver si alguna de ellas me sugiere la idea que todo el mundo está esperando... y en ese momento oigo mi voz que dice:

—Podríamos entrevistar a David Vidal. Acaba de estrenar una comedia que será el éxito teatral de la temporada... Y es muy conocido; como salía en «El barrio»... la serie de TV3...

Ahora, mientras la mirada del coordinador afloja, siento el calor de los rayos que me lanza Vilma.

—Y ¿ese tío es interesante? —pregunta Lázaro.

—Parece ser que sí... déjame hacer una llamada y dentro de un rato te doy más información.

—De acuerdo. Tú misma te encargas de la entrevista, Ilia.

De: Ilia

Para: Ana

Asunto: David Vidal

Ana, por favor, tienes que ayudarme. Tengo que entrevistar a tu amigo famoso. ¿Puedes conseguirme su teléfono? O, mejor aún, ¿puedes llamarle y decir que soy tu amiga? Please, please, please.

Re: Veo que los famosillos que salen en la tele impresionan incluso a la prensa...

Llamo a Ana, le reconozco que me merezco que me trate así y peor aún, pero que la necesito, que tengo que conseguir esa entrevista y tengo que conseguir que resulte interesante. Ana se lo piensa un poquito y después me comenta que el actor es un gran experto en lepidópteros, es decir, y para que nos entendamos, en mariposas.

Según parece, el siniestro abogado de «El barrio» es propietario (y autor) de una de las colecciones fotográficas de mariposas más importantes de España. Mira tú por dónde.

Le agradezco sinceramente a Ana esta información y vuelo (cual grácil mariposa) al despacho de Lázaro. Le sugiero un reportaje con fotografías a todo color con el atractivo actor rodeado de mariposas, en plena naturaleza, confesando su vocación frustrada, y consigo una aprobación entusiasta para llevar adelante esta «original idea».

Por la noche, cuando llego a casa, recibo un sms de Vilma que dice, textualmente: «El pavo real.» Le mando otro con tres interrogantes.

Me contesta: «El Puma.»

La llamo:

—¿Estamos jugando al «Un, dos, tres»? «Por 25 pesetas, animales que se pueden ver en el zoo de Barcelona, por ejemplo, el pavo real; el pavo real, el puma; el puma...»

—Realmente graciosa. *El pavo real* es una canción archiconocida de José Luis Rodríguez *El Puma*.

—¿Y qué?

—Que es la sintonía que lleva Alfredo en el móvil.

Me parto de risa y estoy a punto de colgar, pero Vilma pronuncia mi nombre justo a tiempo: «¡Ilia!»

—¿Qué?

—Ya sé cómo se van a llamar nuestras cenas.

—¿Ah sí? ¿Es una peli? ¿Cuál?

—*Poltergeist* (fenómenos extraños).

> ¿A quién le importa lo que yo haga?
> ¿A quién le importa lo que yo diga?
> Yo soy así, y así seguiré, nunca cambiaré.
>
> Alaska y Dinarama

Mi amiga Ana no me falla, y me consigue una entrevista con David Vidal. Después la llamo y entono —desafinando, pero lo entono— el mea culpa: reconozco que el chico en cuestión es bien educado, cultivado y tiene sentido del humor. También subrayo el hecho de que ni siquiera parpadea cuando lo reconocen por la calle, y que tiene una paciencia infinita con las personas que le piden un autógrafo o que, simplemente, se acercan para saludarlo. Dos de cada tres lo llaman Sebastián en lugar de David: es el nombre del personaje que interpretaba en la serie de TV3.

Su colección de fotografías de mariposas es realmente asombrosa y va a salvar una entrevista que, por otro lado, no tiene nada de excepcional. Hablamos de las mariposas más exóticas, de las autóctonas, de la película *El efecto mariposa*, de *Madame Butterfly* y de la novela de Barbara Kingsolver *Un verano pródigo*, protagonizada por una estudiosa de las mariposas tan ferviente como el propio David Vidal.

Aprovechando la llamada, Ana me propone fijar la fecha para la próxima cena. El jueves de la semana que viene.

Ya en casa, Octavio me dice que tenemos que hablar. Cuando eso sucede sé que sólo hay dos posibilidades: o ha hecho algo muy gordo o me quiere pedir algo (probablemente también muy gordo). Esta vez nos hallamos en la situación B (la prefiero: «contra el vicio de pedir, la virtud de no dar», decía sor Gertrudis). Pero Octavio no pide, Octavio exige.

—Mamá, necesito una moto.

—Ni hablar.

—Pero mamá...

—Mira, hijo, vale más que escuches atentamente lo que voy a decirte. La respuesta es NO y siempre será NO, así que mejor que los dos nos ahorremos todas las pesadísimas y reiterativas discusiones que podríamos tener desde ahora hasta que te independices. Para lo que, tal como están las cosas, pueden faltar veinte años.

—¿No puedo ni siquiera argumentar?

—Puedes, pero ya te adelanto que no hay argumentos que puedan hacerme cambiar de opinión en este tema.

—Ya veo... muy democrático.

—¿De dónde has sacado que esto es una democracia?

Entonces Octavio empieza con una lista de razones por las que es evidente que debería tener una moto. La última: para recoger y llevar a Tiffanny a su casa. Vive en Vallvidrera.

—¿Salís juntos? —Aprovecho la ocasión para preguntárselo directamente.

—Quieres decir si somos novios... Sí, lo somos.

Cómo son las cosas. En mi época, la palabra novio sonaba a rancio, y la rehuíamos con el eufemismo de «salir juntos». Ahora resulta que, utilizando esta fórmula, he quedado más anticuada que Karina. Ahora se vuelve a decir ser novios. La cuestión es tocar las narices.

—No insistas, Octavio, la respuesta es NO.

Mi hijo se da la vuelta y empieza a irse hacia su habitación, intentando esforzadamente dar un aire de dignidad a ese caminar que tienen los adolescentes, entre chulesco y desgarbado.

En ese momento, como Dios no me ha dotado con el mecanismo de la continencia verbal, le suelto:

—Y ya lo sabes, si te quieres ir a vivir con la Sirenita de Copenhague, tú verás.

Octavio se detiene, con la mano en el picaporte de su puerta. Se da media vuelta y dice:

—Pues mira, puede que sí.

Noto un temblor en las piernas, como si acabase de tener un orgasmo no fingido, pero aparento una serenidad total.

El fin de semana pasa volando, y el lunes recibimos una convocatoria oficial de Ana para cenar el jueves en el Laurak, en Sant Gervasi.

Es un restaurante que hemos visitado a menudo, atraídas por su excelente txangurro con kokotxas y por la simpatía de sus camareros, muy altos, muy fuertes, muy vascos. Las chicas ya me esperan y en cuanto me siento, Vilma empieza a dar órdenes:

—Patxi, una botella de txakolí. Chicas: estas cenas se van a llamar *Poltergeist*. Beth, ya puedes empezar con la ficha del que conociste en el hospital.

Beth, con su melena rubia enmarcando su rostro casi infantil, se apresura a obedecer a la «seño»:

Nombre: Mario
Edad: 37
Profesión: mmm... artista plástico
Sintonía del móvil: ¡¡¡No tiene móvil!!!

Vilma: «¡Ya están aquííí...!»

Ni que decir tiene que el último punto de la ficha del nuevo *Poltergeist* es recibido con exclamaciones diversas que van desde la incredulidad a la admiración, pasando por la conclusión precipitada de Vilma.

—Vaya, un bohemio de pacotilla que no quiere dejarse abducir por la masa, ¿no? De esos que fuman pero nunca compran tabaco, que viven en un cuchitril pero se autoinvitan los fines de semana a las segundas residencias de los amigos y que no tienen coche pero se dejan acompañar a casa después de las cenas. Es uno de esos ¿a que sí? ¿Es pintor? ¿Escultor? ¿O hace *performances*?

—De todo un poco —contesta la pobre Beth, agobiada.

Estoy convencida de que ella quería contarnos que Mario tiene un atractivo irresistible, con su pelo largo y rizado, su barba de cuatro días, esa voz tan grave —casi afónica— y esa sonrisa tan dulce. Pero ¿quién suelta todo eso después de la radiografía cruel pero seguramente precisa que ha realizado Vilma del personaje? Se limita a anunciar que el chico la ha invitado a cenar el sábado.

—Asegúrate de llevarlo a un sitio sencillito... te va a tocar pagar a ti. —Vilma no perdona.

—Me ha invitado a su casa —contesta Beth, encantada de destrozarle la gracia a Vilma.

Pero la otra no cede ni un milímetro:

—Pues ponte unos pantalones viejos y un jersey grueso, seguro que está sucio y hace frío, en la cueva del artista.

—Gracias, Vilma, no sé cómo haría sin tus consejos. —Y con este irónico agradecimiento, Beth da por cerrado el capítulo Mario y pregunta—: ¿Y tú, Ana? ¿Cómo te va con el hombre vinculado a las dos grandes instituciones de Cataluña, el Barça y La Caixa?

—Bsbieee... —El «bien» de Ana es tan lánguido, tan arrastrado, que a ninguna de las tres nos cabe la menor duda de que las cosas con Javier se han torcido.

Ana nos cuenta que el fin de semana pasado, ella y su Romeo tuvieron la brillante idea de pasar el domingo en el Tibidabo, con los niños. Los niños de los dos: Adrián y Martina, los gemelos de Ana, y Carla, la hija de Javier. Los tres van a la clase de *los rabanitos* en La Flor del Guisante.

Resumiendo y hablando claro: Ana descubrió que la tal Carla es insoportable y, por lo tanto, que Javier es un padre pésimo (o al revés, él es un padre pésimo, ergo, la niña es insoportable).

—La niña es una caprichosa repelente, una dictadora, una tirana, una mezcla entre Hitler y el sultán de Brunei, que sólo pide y pide, y su padre un súbdito atemorizado que se arrastra a sus pies.

—Y en medio de todo eso ¿tú qué papel interpretabas?

—Pues el de Super-Nanny, evidentemente.

—¡Ay, esos hombres que incluyen regalo-sorpresa...! —se lamenta Vilma.

—Depende de cómo sea el regalo —digo—. Los hijos del otro no tienen por qué ser un suplicio.

Pero Vilma no se deja convencer:

—Los hombres que tienen hijos son como los huevos Kinder para un crío: despiertan tu deseo, lo desenvuelves con ilusión, muerdes el chocolate con grandes expectativas y... el regalo que lleva dentro es una mierda. Mira, Patxi nos trae los segundos...

—¿Todos se llaman Patxi? —le pregunta Beth con curiosidad.

—Ah, ¡yo qué sé! —dice Vilma, y añade—: Gracias, Patxi, cuando puedas nos traes otra botella de txakolí. —Y por ese extraño poder que Vilma ejerce sobre las personas, el chico, en lugar de mandarla a paseo, le regala una sonrisa y observa embobado el movimiento de su melena lanzallamas.

Mientras ataco el txangurro le pregunto a Vilma:

—¿Cómo van tus paseos por Internet?

—¡De fábula! ¡A toda máquina! ¡Todo a estribor!

—Pero ¿alguna relación tiene posibilidades de prosperar o qué? —pregunta Ana.

—Ya sabes lo que nos pasa a los navegantes —dice Vilma—. Tenemos un amor en cada puerto.

—Pues ya puedes empezar a largar.

—No hay nada que pueda interesaros, chicas. —Vilma intenta escabullirse, pero no sabe con quién se enfrenta.

—¿Cómo que no? —La traiciono de la manera más vil—. Pero ¡si tiene a uno en Venezuela que le canta *El pavo real*, de El Puma!

—Eres una infame manipuladora —me acusa—. No te dije que la cantara, te dije que la llevaba en el móvil.

Ana y Beth explotan con grandes carcajadas.

—¡Dios mío! ¡Llevaba siglos sin oír hablar de El Puma! ¡Con aquellas melenas! ¿Os acordáis?

—¿Tiene a otros, Ilia? —Se aprovechan porque saben que el txakolí me suelta la lengua.

—Bueno... tiene a uno que fuma maría... de ése no sé casi nada...

—Ni yo —dice Vilma—. No sé ni cómo se llama, ni de dónde es, ni cuántos años tiene.

—Pero eso da igual, ¿no? —pregunta Ana, se podría decir que inocentemente—. De hecho, de lo que te digan en estos chats no puedes fiarte. Te pueden mentir lo que quieran.

Yo diría que eso es un «aviso para navegantes» dirigido a Vilma, pero como siempre, nuestra amiga ya regresa cuando nosotras acabamos de levar el ancla.

—Es lo que más me divierte de todo esto: al venezolano le he dicho que tengo veintiocho años y que trabajo de gogó en una discoteca... y al porreta le he confesado que estoy casada con un tío del Opus y que tenemos siete hijos.

Está sonando el móvil de Vilma («la vida es una tómbola, tom, tom, tómbola»). Lo rescata del bolso y observa la pantallita. Pone los ojos en blanco y lo deja sonando encima de la mesa.

—¿Por qué no lo coges?

—Porque quiero que bailéis la canción de Marisol, si te parece.

—¿Quién es?

—No te importa.

Con un ágil movimiento del que me enorgullezco, le robo el móvil, que ya ha dejado de sonar. Mientras Vilma me insulta y las otras la sujetan para que no me ataque, voy a «llamadas perdidas» y miro la última entrada: Horror Miguel.

Vilma resopla y sonríe:

—¿No os acordáis de Miguel? El primo de Claudio... El millonetis...

—¿El que estaba platónicamente enamorado de ti?

—El mismo. Desde que me he separado ha vuelto al ataque. ¡Qué plasta de tío!

—¡Conste que es un buen partido! —señala Beth oportunamente.

—¡Pues para ti enterito, bonita! —dice la otra, la mar de generosa—. Sería mejor negocio que tu Mario, eso seguro.

—Los negocios los hago invirtiendo en la bolsa, gracias, para todo lo demás, prefiero a Mario.

—Eso ha sonado como si ya te hubieses documentado sobre el terreno...

La sonrisa de Beth no engaña. ¿Por qué será —me pregunto— que, en los hombres, el volumen de su cartera acostumbra a ser inversamente proporcional al volumen de su, digamos, masculinidad? ¿No os habéis fijado en eso? Pensad, pensad en todos los amigos artistas, bohemios, pobres de solemnidad... ¿por qué a pesar de eso ligan más que los demás? ¿Creéis que es por su creatividad? ¿Por el interés de su conversación? ¿Por su sensibilidad estética? ¡Sí, hombre! ¡Y qué más!

Total eclipse of the heart

Once upon a time I was falling in love	En un tiempo lejano estaba enamorada
but now I'm only falling apart	pero ahora sólo estoy hecha añicos
there's nothing I can do	no hay nada que pueda hacer
a total eclipse of the heart.	un eclipse total de corazón.
Once upon a time there was light in my life	En un tiempo lejano había luz en mi vida
but now there's only love in the dark	pero ahora sólo hay amor en la oscuridad
nothing I can say.	nada que pueda decir.
A total eclipse of the heart.	Un eclipse total de corazón.

BONNIE TYLER

He empezado el día con una entusiasta felicitación del coordinador por la entrevista a David Vidal. El hecho me ha llenado de un optimismo vital tan exagerado, que he decidido llamar a mi madre con el firme propósito de no perder la paciencia aunque se quejase cincuenta veces seguidas de cincuenta cosas distintas.

Pero ¡atención! Mi madre estaba de buen humor: se encuentra bien, las piernas ya no le duelen, ha dormido toda la noche de un tirón, mi padre se ha levantado con la mente clara y han decidido salir a comer a la Barceloneta para disfrutar de este día de sol.

Hacia mediodía, he recibido un e-mail de Beth anunciando que Telma, mi ahijada, ¡¡¡ya camina!!! He encargado un ramo de margaritas para que se lo llevaran a la orgullosa mamá al trabajo. ¡Soy la madrina de la niña más lista del mundo!

En ese estado de exaltación he llegado a la hora de comer y le he propuesto a Vilma que fuéramos a ponernos las botas a la pizzería, a comer pan de aceitunas hasta que nos doliera la barriga, beber lambrusco hasta perder la cabeza y acumular calorías hasta tener que desabrocharnos el pantalón... pero Vilma ha dicho que no podía acompañarme: tiene hora para pasar la ITV.

—Pensaba que el coche se lo había quedado tu ex...

Vilma aclara:

—No quiero decir la ITV del coche, quiero decir la mía, guapa, ya sabes: ecografía transvaginal, citología, mamografía, etc.

En ese momento, ha sonado un mensaje en mi móvil. Juan: «¿Comemos? Tengo una buena noticia.»

Jolín. Cuando he salido de la redacción pensaba que mi corazón no resistiría tanta felicidad en un solo día: reconocimiento profesional, orgullo de madrina, propuesta romántica (aunque sea de mi marido)... Y ¿Juan con una buena noticia? ¿Ha colgado los cuadros que tenía pendientes desde hace medio año? ¿Ha rechazado educadamente la invitación de su madre para comer el domingo en su casa? ¿Ha prometido no probar nunca más el alioli? ¿Se ha propuesto decirme más a menudo —quien dice más a menudo dice por primera vez— que no podría vivir sin mí y que cada día que pasa está más enamorado?

No. La noticia, la buena noticia, está relacionada con su trabajo. Bien. Bien. No permitiré que eso me estropee este día radiante. Y di, amor mío, ¿cuál es la buena noticia?

—Me han ofrecido un reto profesional acojonante. Y económicamente para caerse de culo.

—¡Caramba! ¡Enhorabuena! Pero... ¿vas a cambiar de empresa?

—¡No, no! —Juan se alarma como si hubiese soltado un disparate terrible y me suelta el discurso que me sé de memoria sobre la solvencia y el prestigio de la multinacional donde trabaja desde hace diez años.

—Que sí... que sí... entonces ¿es una promoción interna? ¿Para qué cargo? —Juan es jefe de departamento, y tengo entendido que sólo tiene por encima al delegado de la empresa en Cataluña, que además es su amigo del alma...—. ¿Y Ricardo?

—¿Ricardo? Ricardo es quien me ha hecho la oferta.

—¿Ah, sí? ¿Se va de Sweetco?

—¡No!

—Pues... no lo entiendo. ¿Se puede saber qué te han ofrecido?

Juan esboza una sonrisa luminosa, perfecta, como la que tenía cuando era joven, cuando me enamoró, que parece que chisporrotee...

—Quieren que dirija una delegación de Sweetco (fabrican unos caramelos blandos, entre gominola y sugus, hay que decir que realmente buenos).

—¿Una delegación...?

—Sí, de nueva creación... en Tokio.

Las chispas que lanza la sonrisa de Juan sobrevuelan la mesa y caen encima de mí, me queman, me llenan la piel de pequeñas ampollas. Se abren de par en par las puertas del restaurante y entran mis viejos amigos, los camilleros. Han dejado la ambulancia en la entrada, con la sirena sonando (¡¡nino-nino!!) y la luz naranja girando a toda castaña. Me sujetan por los codos: «Mujer, cuarenta y dos años, traumatismo emocional severo. ¡Lidocaína, 30 miligramos!»

—¿Ilia? ¡Ilia!

—¿¿¿Tokio???

—¡Sí! ¡Tokio! ¡Impresionante, ¿no?!

No respondo, claro, porque los enfermeros ya me han obligado a echarme en la camilla y están a punto de subirla a la ambulancia con ese movimiento rápido y preciso... ¡uno, dos y tres, arriba!

—Ilia, escúchame... —Juan ha bajado el tono de voz y pretende, de esta manera, salvarme de las garras de la locura total.

Me libero de la camisa de fuerza y vuelvo a sentarme enfrente de mi marido, la sangre vuelve a circular lentamente por mis venas, el corazón recuperar su ritmo.

—A ver, Juan, ¿qué estás diciendo exactamente?

—Pues lo que he dicho. Me han ofrecido dirigir la delegación de Sweetco en Tokio. Es una propuesta realmente fantástica y me siento orgulloso.

—Lo entiendo, lo entiendo... está muy bien que te lo ofrezcan... pero ¿cómo te lo montarás para decir que no y quedar bien?

Ya sabes que en el mundo de los triunfadores profesionales, una negativa es una mancha imborrable en su historial y...

Juan me corta sin contemplaciones, me interrumpe con la misma autoridad con que el príncipe interrumpió a Letizia delante de la prensa cuando ella estaba recitando el discurso que se había preparado tan bien...

—Ilia. Ilia..., no tengo ninguna intención de rechazar la propuesta. Es una oportunidad única, y un reto profesional fabuloso.

Por primera vez desde que Juan y yo somos pareja, me quedo sin palabras. ¡En serio! Simplemente, no digo nada, es decir, me callo.

—Lo he pensado mucho antes de decírtelo, Ilia, y mira, creo que no será tan complicado. Tú puedes trabajar para el periódico, seguro que les interesa una persona que pueda cubrir aquella zona... y a las niñas las apuntaremos a un colegio británico y así aprenderán inglés casi como si fuese otra lengua materna. ¿Tú sabes la ventaja que eso les puede suponer en el futuro?

O sea, que está hablando en serio. No era un golpe de efecto para impresionarme, ni una broma de mal gusto... lo dice de verdad, está dispuesto a largarse a vivir a Tokio... y cree que yo voy a acompañarlo.

—En principio es para un período de dos años, con posibilidad de prórroga de otros dos, pero no para más tiempo, eso sí lo dejaré claro. Entiendo que más de cuatro años sería excesivo para las niñas y para ti... y probablemente para mí también. Podemos alquilar el piso y...

Ahora me toca a mí interrumpirlo sin contemplaciones. Sólo le planteo una pregunta, muy breve, y lo hago sin expresividad:

—¿Y Octavio?

Juan no se inmuta, su entusiasmo no le permite captar ni un matiz.

—¡Ah, Octavio! También puede venir, si quiere, evidentemente, pero no sé por qué había dado por hecho que preferiría quedarse con su padre ese par de años... Él está en un momento crucial de sus estudios y quizá el tema del idioma le afectaría negativamente... Pero como él quiera, como quieras tú, lo que digáis...

Qué generoso. Me da permiso para llevar a mi hijo, a pesar de que no es suyo y que, por lo tanto, no tiene por qué hacerlo. Mientras estoy formulando este pensamiento, en el mismo instante en que lo estoy concibiendo, ya sé que estoy siendo terriblemente injusta. Juan quiere mucho a Octavio y, por otro lado, el razonamiento que está haciendo es absolutamente correcto, pero...

—Te recuerdo que el padre de Octavio, es decir, Isaías, vive en Copenhague. Allí hablan danés, y como mucho inglés, así que el problema con sus estudios es el mismo.

Se produce un silencio denso. Juan y yo nos miramos como debieron de mirarse Romeo y Julieta justo antes del suicidio, o como Richard Burton y Elizabeth Taylor en alguno de los paréntesis entre matrimonio y matrimonio, como Ilse y Rick en Casablanca antes de decir «Siempre nos quedará París», como Escarlata O'Hara y Rhett Butler instantes antes de... «Francamente, querida, eso no me importa», en definitiva, como Belén Esteban debió de mirar a Jesulín de Ubrique antes de salir de «Ambiciones».

—De todas formas, no hace falta que decidamos nada ahora mismo... tengo un par de semanas para dar una respuesta. Ya hablaremos.

Y Juan pide la cuenta, paga, se levanta de la silla y... veo que espera que yo también lo haga. Así que, como una autómata, me levanto, me pongo la chaqueta y empiezo a caminar hacia la puerta del restaurante. Salgo a la calle y el aire primaveral de Barcelona me devuelve a la vida. Una vida que —ahora lo veo— era razonablemente feliz, y está a punto de desaparecer. Es como en esos sueños en los que George Clooney se acerca más y más, y cuando está a punto de besarte y querrías agarrarlo por los codos porque sabes que en cualquier momento, pluf, desaparecerá, siempre lo hace.

Juan no es George Clooney, más bien sería una mezcla de Mickey Rourke (el de *Nueve semanas y media*, ¿eh?) y el cantante de Estopa..., pero, el caso es que lo estoy mirando de reojo y no quiero que desaparezca.

Juan me planta un beso en los labios y, efectivamente, desaparece. Me quedo en la acera un buen rato, pensando qué hacer con mi vida y, de momento, decido cogerme la tarde libre: no tengo ganas de trabajar ni de dar explicaciones a Vilma, que seguro que detectaría los síntomas de crisis aunque quisiera disimularlos. Imito a Escarlata: ya lo pensaré mañana.

Tomo una decisión más (estoy imparable): aprovecharé el par de horas que me quedan antes de recoger a las niñas para caminar un poco. Dicen que mover las piernas aclara las ideas, aunque yo, para ser sincera, las tengo bastante claras. No contemplo ni por un instante la posibilidad de trasladarme dos años a Tokio. Es verdad que el principal argumento para la negativa es Octavio, pero tampoco lo quiero para mí ni para las niñas. Los pensamientos, por lo tanto, sobrevuelan en círculos la idea del NO y lo que eso puede comportar en mi vida. Reflexiono sobre si podría convencer a Juan para que no acepte, sin que eso signifique que el resto de la vida me mire con un poso acusador, sin que, además de ser su mujer (como si eso no fuera suficiente), me convierta también en la persona que lo obligó a renunciar a su éxito profesional. Valoro si es justo que le pida a Juan que se responsabilice de Octavio, cuando su padre biológico no se ha comportado como tal en su vida. Intento imaginar las cicatrices que el alejamiento de Juan puede dejar en las tiernas personalidades de María y de Berta, que quieren a su padre con devoción, y cómo las echará de menos Juan, probablemente mucho más de lo que él ya debe de haber intuido.

Y finalmente, me formulo la pregunta que más miedo me da: ¿podría resistir nuestro matrimonio una separación de dos años? Más aún: ¿querrá Juan intentarlo o bien optará directamente por el divorcio?

Con este alegre y positivo estado de ánimo me detengo, sin poder evitarlo, en el escaparate de una tienda de motocicletas. Cuando me veo reflejada en la luna y proceso que estoy valorando realmente el hecho de comprarme una moto para ir a trabajar, me da un ataque de risa.

Pero no me río, primero porque recuerdo que estoy a punto de perder mi vida razonablemente feliz y en segundo lugar, porque no quiero que me tomen por loca. Aunque eso sí, tomo la tercera decisión de la tarde (¡qué récord!) y entro en la tienda. Pregunto precios, miro modelos y compro una Vespa de color verde. Así, como lo estáis oyendo (leyendo, quiero decir).

Tengo curiosidad por descubrir si la cara de sorpresa de Octavio será más espectacular cuando le diga que Juan se marcha a Tokio, o cuando sepa que su madre se ha comprado una moto, después de haberle repetido hasta la saciedad que circular en moto por Barcelona era como solicitar la eutanasia y otras perlas similares.

También —para qué nos vamos a engañar— tengo curiosidad, incluso un pelín de ansiedad, por saber cómo reaccionará Juan cuando le comunique de forma oficial que no pienso trasladar a toda la familia a Tokio.

Tarzán empieza a soltar alaridos como un demente dentro de mi bolso y me obliga a salir bruscamente de mi burbuja. Agarro el teléfono indignada. Es Beth, pobrecita.

—Dime, Beth.

—Caramba, veo que no te alegra mucho oír mi voz.

—Lo siento, estoy de mal humor. Pero dime...

—¿Vamos a cenar mañana? Vaaa, di que sí, anda, seguro que te irá bien si estás de mal humor...

No me apetece nada, pero sé que me conviene, y que un día u otro tengo que contarles el drama a mis amigas, así que acepto.

—¿Dónde?

—Pensaba en un japonés nuevo que se llama Tokio Blues.

—Mira, Beth, cariño, no me tengas en cuenta nada de lo que voy a decirte ahora, pero os podéis ir a la mierda tú, los del restaurante nuevo y todos los japoneses que hay en el mundo entero.

—... ¿Te parece mejor Can Punyetes? Pan con tomate y eso...

—Sí. A las diez.

—OK. Hasta mañana.

—Adiós.

> De la más cursi a la tía más legal
> las chicas son guerreras.
> En las revistas o todo al natural
> las chicas son guerreras.
> ¡Uh, Ah! Las chicas son guerreras.
>
> Coz

Nunca hubiese imaginado que la decisión de comprarme una Vespa afectaría tanto a mi vida y desde tantos puntos de vista. Y todo se lo debo al alcalde, que con sus zonas azules y verdes y de todos los colores del arco iris me empujó a dar ese paso que, francamente, si no había dado a los 18, cuando me tocaba, ya no esperaba dar a los 39 + casi 3.

La primera consecuencia ha sido realmente sorprendente: mi hijo adolescente, lejos de irritarse sobremanera, como yo esperaba, por la incongruencia de comprarme una moto cuando acababa de negársela a él, ha reaccionado positivamente.

En cuanto me vio despatarrada sobre la máquina y con el casco puesto, Octavio descubrió que su madre podía adoptar la pose de una joven, aunque ya no lo fuese. Fue como si, a partir de ese momento, el chico me mirase con otros ojos, infinitamente más respetuosos, por considerar que soy más moderna, atrevida y decidida de lo que él imaginaba.

No se puede decir que yo fuese por la vida con el look de Ana Botella, pero tengo que reconocer que la moto ha modernizado mi vestuario: más pantalones, más botas, una chupa de cuero... y mi pelo.

Y ésta es la segunda gran consecuencia de mi nueva vida de motorista: pequeños pero significativos cambios en mi cotidianidad. Yo llevaba siglos lavándome el pelo todas las mañanas bajo la ducha. El hecho de tener un pelo fuerte, ondulado y brillante (observaréis que hoy no tengo el día modesto), me permitía salir de casa sin haber practicado otra maniobra que pasarme el peine. Si acaso, en invierno, un poco de secador para no salir con el pelo mojado a la calle. Los rizos se iban dibujando y cogiendo cuerpo y, cuando llegaba al trabajo, ya lucía mi melena artísticamente desordenada.

El primer día que fui al trabajo en moto seguí con mis costumbres diarias, incluida la de lavarme el pelo y no dedicar ni un minuto al secado. Como soy una ciudadana barcelonesa cívica y disciplinada, ni que decir tiene que me puse casco integral para circular. Resultado: cuando entré en la redacción, todo el mundo me observó con una expresión bastante insultante tipo: pero ¿qué coño te has hecho en el pelo? O bien: ¿se puede saber cómo has salido así a la calle?

Vilma, por eso de que la confianza da asco, fue quien se atrevió a verbalizar lo que todos pensaban. Corrí hacia el baño y, cuando me vi en el espejo, con el pelo pegado al cráneo, sin forma, sin gracia, sin rizos, sin nada de nada... Conclusión: pelo corto y se acabó lavármelo por las mañanas (lo hago antes de acostarme, con la pereza que da), y aún peor, se han acabado las vivificantes duchas matinales con cabeza incluida, lo que significa que no logro despertarme del todo hasta media mañana. Claro que más ha perdido el señor Kérastase, con el gasto que yo hacía en mascarillas, champús especiales, sérums y espumas.

Pero mis problemas con el casco no acaban aquí.

El casco —los que lo utilizáis a menudo sabréis de qué hablo—, es un atentado terrorista contra la moral de las mujeres que estamos inmersas en la lucha contra la fuerza de la gravedad. ¿Queréis que os lo diga más sencillo? A partir de los 39+1 (algunas incluso antes), las mujeres utilizamos todo tipo de estratagemas para contrarrestar los efectos de la edad en nuestra piel. A saber: arrugas y flaccidez.

Cremas, masajes, tratamientos faciales, peelings, potingues, maquillajes, colágeno, Bótox, cirugía. Todo para evitar que la piel se desprenda, sobre todo en puntos realmente estratégicos, como las mejillas, la zona de debajo del mentón —más conocida con el infame nombre de papada—, el interior de los brazos y de los muslos, el pecho, el vientre...

Pues bien, el casco de moto, una vez puesto, te demuestra que toda esa lucha es inútil y que la piel de tus mejillas tiene los mismos años que tú, ni más, ni menos. Eso quiere decir que tú notas cómo tus mejillas quedan aplastadas y caídas, e imaginas no sólo el aspecto de bulldog que debes de tener, sino cómo puede perjudicar esa presión continuada a tu ya deteriorada epidermis. Por eso mi primer recorrido en moto, me lo pasé angustiada con una duda terrible: ¿Y si cuando llego, me bajo de la moto y me quito el casco, las mejillas no vuelven a su posición anterior? ¿Y si me quedo para siempre con cara de bulldog? Así que, el segundo día, me subí en la moto, me puse el casco y, con las manitas, me recoloqué las mejillas. Y entonces, como un flash, vi que estaba haciendo exactamente el mismo movimiento que cuando me pongo el sujetador: cojo una teta y ¡arriba!, cojo la otra y ¡arriba también! Es un movimiento que, evidentemente, realizo sólo de unos años a esta parte. Data, aproximadamente, de la misma época en que decidí no practicar la prueba del lápiz, por miedo a no superarla.

Y supongo que vosotros —si es que habéis aguantado esta delirante disertación sobre el casco de la moto diréis—: ¿Cómo puede ser que una mujer que está a punto de ver cómo se rompe su segundo matrimonio se entretenga con estas chorradas? Yo también me lo pregunto. ¿Alguien tiene una respuesta?

Cuando estoy a punto de convocar una cena catastrofista urgente para compartir con las tres mi angustia (y esta cena se hubiese llamado *El coloso en llamas)*, me llama Beth para invitarme a la fiesta del primer cumpleaños de Telma. Como ya empieza a hacer días buenos, Beth ha decidido organizar una barbacoa el domingo en la casa que sus padres tienen en Calella.

La verdad es que es una idea fantástica, porque el día resulta divertido y relajante para todos. Están Ana y sus gemelos, Adrián y Martina, Vilma con su pequeño Mateo, Juan y yo con Berta y María, la hermana de Beth con sus hijos..., en fin, que la casa parece un jardín de infancia.

A media tarde, aparecen los vecinos de la casa de al lado, que son amigos de toda la vida de los Maluquer. Saludo a Daniel, que fue el compañero de juegos de Beth de los veranos y al que hacía mucho tiempo que no veía. Es un hombre muy guapo. Y dulce. Uno de los pocos a quien, sin conocerlo de nada, dejaría que se llevara a mis hijas una tarde, para que me entendáis.

—¡Daniel! ¡Cuánto tiempo sin verte!

—He estado viviendo en California los últimos cinco años... y ya ves, vuelvo a casa y me encuentro a mi Beth celebrando el primer cumpleaños de su hija.

Llamadme romántica, pero os puedo asegurar que en el tono con que ha pronunciado eso de «mi Beth» había más ternura que en la mirada de Bogart a la Bacall cuando ésta le decía: «No tienes que decir ni hacer nada, sólo silba. Sabes silbar, ¿no? Juntas los labios y soplas...»

Beth siempre me ha recordado a Lauren Bacall, delgada, los ojos de gato, la voz grave. Afortunadamente, su amigo Daniel no me recuerda para nada a Humphrey Bogart. Más bien sería como... ¿os podéis imaginar a Cayetano Rivera sin el aire chulesco de los toreros? Vamos, un esfuerzo: pensad en sus facciones, pero imaginad que es investigador científico en un laboratorio, o concertista de piano... En fin, que es guapísimo y tiene una sonrisa que inspira una confianza inmediata.

Esta perla que Beth tenía escondida en el baúl de los recuerdos de su infancia me cuenta que estudió veterinaria y que cuando estaba hasta la coronilla de los gatos persas con depresión y de los conejos obesos de las burguesas familias barcelonesas, decidió dejarlo todo y aceptar una oferta de trabajo en el zoo de San Diego, en California. Asegura que ha vivido feliz y afectivamente satisfecho entre delfines los últimos años, pero que finalmente ha decidido volver a casa para comprobar si aún puede relacionarse normalmente con seres humanos.

—¿Y qué? ¿Aún puedes? —le pregunto, muerta de curiosidad.

—Con dificultad —contesta, y vuelve a proyectar esa sonrisa de Cayetano Rivera concertista que me deja fuera de combate.

Dejo a Daniel charlando animadamente con Juan y busco a Beth en un estado de excitación impropio de mi edad. La encuentro contemplando embobada cómo Telma se embadurna su vestidito nuevo con la nata del pastel de cumpleaños. Yo también le dedico una mirada extasiada, porque realmente está para comérsela, con nata o sin nata, pero inmediatamente después agarro a Beth por el codo y le suelto al oído con tono amenazante:

—¿Tú eres tonta o qué te pasa?

Beth se da la vuelta de un bote y me suelta una patada en la espinilla.

Como veis, somos amigas delicadas y cariñosas.

—¡Qué susto me has dado! ¿Qué coño dices?

—He estado hablando con tu amigo Daniel.

—¿Ah, sí? Qué bien que haya vuelto ¿verdad? Lo echaba mucho de menos. Está guapísimo, ¿no crees?

—Sí, efectivamente. Y simpatiquísimo. Y educadísimo. Y divertidísimo.

—¿Se puede saber qué mosca te ha picado?

—Beth. Es un tesoro. ¡Tu amigo Daniel es un tesoro!

Y la muy imbécil contesta (¿lo podéis creer?):

—Ilia... que... ¡¡¡estás casada!!!

—¡Digo para ti, boba! —le suelto, empezando a perder la paciencia.

Beth se ríe a carcajadas.

—¿Para mí? Pero ¿qué dices? Daniel y yo somos como hermanos.

Justo en ese momento, se acercan Vilma y Ana:

—¡Oye! ¿Quién es el guaperas que está hablando con Juan?

Son como dos panteras babeando frente a un pajarito distraído. Las miro, miro a Beth y digo, con mala leche, lo reconozco:

—Se llama Daniel y es veterinario. Está disponible para cualquiera de vosotras porque Beth lo considera como un hermano.

Beth contempla a Daniel desde lejos y puedo ver cómo su mirada va perdiendo amor fraternal y va ganando lascivia.

—La verdad es que ha vuelto muy guapo.

En ese momento, viendo que estamos las cuatro algo aisladas

de la fiesta, estoy a punto de confesar la terrible amenaza que planea sobre mi vida-razonablemente-feliz.

—Chicas, ¿sabéis qué...?

Pero se produce un alboroto y se oyen unos cuantos gritos, y las tres salen disparadas. En un rincón del jardín se ha montado una batalla campal con trozos del pastel de cumpleaños como munición. En un bando, Berta, Martina y la pequeña Telma. Enfrente, María y Adrián, y en medio, profundamente dormido en el Maxi-cosi, con la frente llena de nata, el pequeñísimo Mateo.

La vida es una tómbola, tom, tom, tómbola

La vida es una tómbola, tom, tom, tómbola
la vida es una tómbola, tom, tom, tómbola
de luz y de color
de luz y de color.
Y todos en la tómbola, tom, tom, tómbola
y todos en la tómbola, tom, tom, tómbola
encuentran un amor.
¡Tómbola!
En la tómbola del mundo,
yo he tenido mucha suerte,
porque todo mi cariño
a tu número jugué.
Yo soñaba con tu nombre
esperaba conocerte
y la tómbola del mundo
me premió con tu querer.

MARISOL

La siguiente cena tuvo lugar en la taberna griega de la calle Torrent de les Flors. Nos gusta ir de vez en cuando para recordar el viaje que nos llevó a las islas griegas cuando éramos jóvenes, y solteras, y absolutamente inconscientes... hacia el final del Paleolítico superior. Beth llega resoplando y cargada de bolsas.

—¡Caramba, El Corte Inglés debe de haber cerrado por falta de stock!

Beth sonríe y se derrumba en una silla:

—No tenía nada que ponerme.

Empieza a sacar prendas de ropa de las bolsas y a exponerlas encima de la mesa, que se llena de ooohs y aaaahs de admiración. Parece que la primavera ha llegado a los grandes almacenes y Beth se ha dado prisa en comprar vestidos, tops, faldas y blusas de colores florales: amarillo pálido, azul celeste, verde manzana, blanco y mucho rosa.

—Se diría que ves la vida de color de rosa... —Lo digo por decir, pero observo que la piel de Beth también adquiere un tono rosado, cada vez más oscuro... ascendiendo por su cuello hasta la peca de su barbilla.

Mientras, Ana ha abierto su inmenso bolso de terciopelo de color granate y saca de él dos paquetes.

—Yo también he ido de compras —confiesa—. Y nos muestra una falda blanca con puntillas y una blusa del mismo color de aire hippy.

Seguro que a Vilma se le ocurre lo mismo, porque pregunta:

—¿Nos vas a cantar *La respuesta está en el viento* o *California Dreaming*?

Pedimos ensaladas (griegas, por supuesto), musaka de berenjena y vino de retsina de un dorado luminoso. Las chicas me dicen que estoy «extrañamente callada», y decido que es un buen momento para soltar la bomba (fétida) de Tokio.

Cuando lo hago, se produce un silencio inédito en nuestras cenas.

—¿Y qué vas a hacer? —pregunta finalmente Ana—. ¿Te irás con él o te separarás?

Lo plantea como una disyuntiva. Como si tuviese que escoger necesariamente entre una cosa y otra. Los ojos se me llenan de lágrimas, pero contesto con voz firme:

—Ni lo uno ni lo otro.

Noto sus miradas escépticas, pero aunque parezca mentira, mis amigas esperan, respetuosas, a que les cuente cómo pienso conseguir la cuadratura del círculo.

—Juan irá a Tokio y nosotros nos quedaremos aquí, pero no tenemos intención de separarnos, en principio... —digo con un convencimiento dudoso.

—¿Quieres decir que viviréis dos años separados, como monjes célibes, y después volveréis a retomar el matrimonio como si nada hubiera pasado? —Las cejas de Vilma dibujan acentos circunflejos.

—Eso es lo que pretendemos, sí —respondo con determinación—. Y a Juan le corresponden tres viajes pagados al año.

—¡Aaaahhh! Entonces así... quizá funcione... —dice Beth, la pobre, intentando resultar convincente.

Las observo en silencio. ¿Cómo podía esperar que estas tres mujeres, mis mejores amigas, a quienes conozco tan bien, estas tres mujeres maduras, realistas y algo sarcásticas, confiasen en el todopoderoso amor a distancia? Me rindo.

—De acuerdo: yo tampoco creo que pueda salir bien, pero tengo dos niñas pequeñas, y quiero a Juan, y por intentarlo que no quede. Y ahora, por favor, me gustaría pasar a otro tema.

Por lo que se ve, mis deseos son órdenes porque Ana, Vilma y Beth se lanzan a parlotear todas a la vez, atropellándose, como si les faltara tiempo para dejar atrás la incomodidad que mi situación les provoca.

—He dado el finiquito a Javier —anuncia Ana.

—Empiezo a estar harta de Mario —confiesa Beth.

—Me lo paso bomba charlando todas las noches con un chaval de Zaragoza —nos cuenta Vilma.

Me agarro a esta última información.

—¡¿¿Todas las noches?!?

La malvada Vilma, hoy equipada con unas gafas nuevas de montura de pasta color rosa chicle, dice entre risas:

—Sí, todas las noches, aunque sólo sea para desearle buenas noches... Dice que si no lo hago no puede dormir.

—¿Cuántos años tiene?

—Dice que treinta, pero no creo que pase de los veinticinco.

—Eres una pervertida.

—¿Por qué? ¡No hago daño a nadie!

Alucino con la capacidad que tiene la muy cínica de inocular inocencia a su mirada.

—Y tú, Beth... ¿qué pasa con Mario?

—Pues que ya estoy harta de su economía de guerra: no podemos salir un fin de semana, no podemos cenar en restaurantes bonitos, casi no podemos ni ir al cine..., si no pago yo, claro, que es lo que acabo haciendo. Él no lo pide nunca, claro, pero...

—Y pasada la primera novedad de sus artes amatorias, empiezas a aburrirte, ¿verdad? Siempre he dicho que lo más importante de un hombre es que tenga buena conversación... para las horas muertas (entre polvo y polvo)... y ahora añado... buena cuenta corriente.

—¿Y Javier qué?

—Javier tenía buena conversación... sobre dos o tres temas. No lo saques de la educación de los hijos, la política...

—¿La educación de los hijos? Pero ¿no decías que su hija era Imelda Marcos en miniatura?

—¿Verdad que es increíble? Le encanta hablar de corrientes educativas y de teorías pedagógicas, pero después no aplica nada de nada. La niña lo tiene tiranizado y él lo justifica diciendo que «tiene mucha personalidad» o que es «todo un carácter».

—Así... ¿qué? ¿Puerta?

—¡Sí, sí, portazo!

En casa, Juan me esperaba despierto. Le cuesta conciliar el sueño...

—¿Qué tal la cena?

—Bien... no te desveles, ya te lo contaré mañana.

—Ya estoy desvelado. ¿Les has dicho que me voy a Tokio?

—Sí.

—¿Y qué opinan?

(Estoy segura de que quiere que le mienta, así que lo hago.)

—Ah... pues que muy bien, te felicitan... y dicen que los dos años se pasarán volando...

—¿Y Cruella de Vil-ma? ¿Qué dice?

(Menos mal que sé que Juan quiere mucho a Vilma, porque a veces no lo parece.)

—No la llames así... Pues dice que sí, que todo saldrá bien.

(Me meto en la cama y me pego a su espalda. A oscuras, la habitación parece una cueva, y él y yo dos animaluchos que nos protegemos del frío.)

—Mientes fatal —dice él.

—Buenas noches —digo yo—. Te quiero.

—Y yo.

En los dos meses siguientes todo fue muy de prisa: Juan haciendo gestiones de todo tipo aquí y en Tokio, yo haciéndome a la idea de que se iba, comunicando la noticia a la familia (la suya ve fatal que las niñas y yo no vayamos, la mía ve fatal que él no renuncie y se quede..., es decir, todo el mundo ve fatal lo que hemos decidido y no paran de decirlo).

Mientras, Beth mandó a paseo al pintor bohemio y fue al cine, a cenar, al zoo... con Daniel, el adiestrador de delfines.

Ella insiste en que es normal que se vean a menudo, que son amigos de la infancia, que siempre se han divertido juntos, que él ha vivido tanto tiempo fuera que en Barcelona se siente un poco desplazado... Y Beth lo lleva a pasear por Ciutat Vella y dice que la plaza del Rei debe de ser la plaza más bonita de toda Europa y que parece mentira que nunca se hubiese fijado; y que qué de tiendas originales hay en las callejuelas del Born a las que ella no había ido nunca; y que Santa Maria del Mar la ha dejado sin palabras y cómo puede ser que llevara tantos años sin visitarla; que si comer un arroz en la Villa Olímpica es un placer incomparable, que si tomar una copa por la noche en el Mirablau, viendo la ciudad iluminada, es un auténtico privilegio.

Y sí, todo esto se ajusta bastante a la realidad, Barcelona es una ciudad agradable, pero sinceramente, estoy segura de que a Beth se le ha disparado alguna glándula de las que segregan hormonas de la felicidad, de las que hacen que lo veas todo mucho mejor de lo que es.

Ana ha mandado a paseo a Javier y a su déspota hijita y ha pasado unas semanas de calma sentimental total, muy liada con el trabajo y con las otitis, gastroenteritis y cistitis de los gemelos, primero uno, después la otra, luego los dos.

Vilma ya está un poco harta del messenger y prácticamente ha dejado de conectarse. Su hijo mayor ha suspendido cuatro asignaturas este trimestre y a la chica le ha venido la regla por primera vez: problemáticas adolescentes mientras el pequeño Mateo gatea entre sus piernas. Ante mi sorpresa (no, sorpresa es una palabra demasiado suave, ante mi estupefacción), mi amiga ha aceptado salir a cenar con «Horror Miguel», o sea, el primo de su ex. Ella jura y perjura que lo ha hecho para quitárselo de encima de una vez, pero yo creo que dar cancha a un eterno enamorado es una auténtica imprudencia (si realmente quieres que desaparezca...).

Mi hermana Lola ha anunciado públicamente que está enamorada, y que el pobre damnificado también lo está, y que están buscando piso para irse a vivir juntos. La noticia también me ha dejado estupefacta (y ya empieza a darme miedo quedarme un poco p'allá con tanta noticia estupefaciente). Supongo que había descartado totalmente que Lola optase por la vida de pareja. No he visto persona menos dotada para la convivencia y para compartir (¡eh!, que conste que mi hermana es una bellísima persona, ¿eh?, pero...).

El chico en cuestión es brasileño. Se llama Marcelinho y es extraordinariamente simpático. Habla una mezcla de catalán, castellano y portugués que lo hace irresistible. Sólo lleva seis meses viviendo en Barcelona, pero se ha situado la mar de bien en una cadena de *rodizios*, carne y pescado a la barbacoa, que tiene establecimientos en toda Cataluña. Yo creo que, en Barcelona, todos los brasileños se conocen y se ayudan entre sí, incluido Ronaldinho. Es la mafia de la caipirinha.

Mi madre, evidentemente, manifestó todas las reticencias del mundo ante el chico por el simple hecho de ser extranjero. «Si fuera argentino... o chileno... todavía, pero ¡brasileño...!», como si ella fuese la gran conocedora del continente sudamericano y de la idiosincrasia de cada uno de los países. Después de conocerlo, cayó rendida a los pies del brasileño, por guapo y por simpático, y ahora incluso se le ablanda la voz cuando habla de él: «Saluda a Marcelino de mi parte...» No hemos conseguido que pronuncie el nombre a la brasileña, así que mi hermano Víctor ha pasado directamente a llamarle «el pan-y-vino».

La buena noticia entre esta especie de pandemia sentimental que se ha generado en las personas de mi entorno es que Octavio se ha peleado con Tiffanny sin que yo, por suerte, haya llegado a conocerla. No hace falta decir que soy muy consciente de estar siendo políticamente incorrecta (más que incorrecta, del todo imperdonable), por prejuzgar a la pobre chica sólo por su nombre... sí, sí, lo soy... Seguramente podría corregirlo si me esforzara un poco, pero tengo que reprimir tantos bajos instintos, tantos errores, tantas tonterías, tantas desviaciones en mi personalidad... que ésta me daré el lujo de permitírmela. Además, Tiffanny no lo sabrá nunca.

El día que Octavio me comunicó, un poco triste pero sin exagerar, que Tiffanny y él ya no eran novios, aproveché —con una rapidez de reflejos que reconoceréis envidiable— el momento de expansión comunicativa de mi hijo para comentarle los cambios que se van a producir en casa.

Octavio, delgaducho, con la cara llena de granos, la nuez que parece que vaya a salírsele del cuello en cualquier momento, cuatro pelos en el bigote y aún esos ojos de niño pequeño, me dejó fuera de juego cuando preguntó:

—¿Y estás segura de que no quieres irte con él, mamá? Sólo van a ser dos años, ¿no?

Tragué saliva para disimular cómo me emocionaba que pensara en mi felicidad sentimental.

—No, no, sería un cambio demasiado radical para ti y para tus hermanas...

Y Octavio, el de los portazos cuando se enfada, el de los silencios eternos cuando se ofende, el de las miradas condescendientes cuando intento hacer de madre... va y dice:

—No, mamá, yo no iría, como puedes imaginar... pero no quiero que tú te quedes por mí. Puedo llamar a papá y decirle si puede venirse a vivir aquí un par de años.

Me encanta su ingenuo egoísmo adolescente. Ni por un momento se ha planteado la posibilidad de trasladarse él a Dinamarca, claro, pero confía en que su padre y su mujer, Karen (que no se puede decir que merezcan la medalla del mérito a la paternidad responsable) cambiarán de vida y de país si él se lo pide.

—No lo hago sólo por ti, Octavio —lo tranquilizo—. También es por mí, y por Berta, y por María. Y Juan lo entiende.

La mirada de Octavio, a pesar de su inexperiencia, me recuerda las cejas circunflejas de Vilma. Él tampoco cree que vaya a funcionar. Pues sí que estamos apañados...

You are the sunshine of my life

You are the sunshine of my life	Eres la luz de mi vida
that's why I'll always stay around.	por eso siempre estaré cerca de ti.
You are the apple of my eye	Eres la niña de mis ojos
forever you'll stay in my heart.	te llevaré para siempre en mi corazón.

STEVIE WONDER

Vilma habla continuamente del chico de Zaragoza, que además de necesitar que le dé las buenas noches por el messenger, le manda mensajes al móvil y ahora también la llama de vez en cuando. Le pregunto si no está perdiendo el control de la situación y me dice que de ninguna manera. Según parece, Diego es un encanto: tiene un sentido del humor de una acidez parecida a la nuestra (definición de Vilma), una conversación interesante, es cariñoso sin llegar a empalagar... en fin, que a mí todo eso está empezando a escamarme.

El viernes pasado comimos juntas y me llenó la cabeza de si Diego dice, Diego cree, Diego opina.

—Chica, parece que has encontrado al hombre ideal... lástima que viva a trescientos kilómetros —añado, compungida.

—Perdona guapa. —Es la fórmula preferida de Vilma para empezar las frases—. Pero justamente por eso es el hombre ideal.

Ha pasado una semana y hoy hemos comido juntas otra vez. Le comento que el domingo, si hace buen tiempo, iremos al parque de la Ciutadella con las niñas, que si quiere venir con Mateo.

—Es que este fin de semana no estaré...

Y la muy cerda se pone a hablar de otra cosa, ahora no recuerdo cuál, cualquier tontería, como las elecciones anticipadas o la subida de los tipos de interés.

—¡Vilma! ¿Quieres hacer el favor? —la riño. A lo mejor cree que va a conseguir distraer mi atención de lo realmente importante—. ¿Y dónde estarás este fin de semana, si puede saberse?

—En Zaragoza —contesta, y se queda tan ancha.

—¿¿En Zaragoza?? —No sé por qué me ha salido tono de sorpresa cuando llevo esperándolo desde hace días—. ¿Vas a conocer a Diego?

—No, voy a saludar a la Pilarica. ¿Algún recado de tu parte?

—Muy graciosa. ¿Y los niños? ¿Quieres que Mateo se quede conmigo?

—No, gracias. Los mayores se quedan con su padre y Mateo en casa de los abuelos, no hay problema.

—Pero ¿no habías dicho que la gran ventaja de Diego es que vivía lejos?

—Y continúo diciéndolo. El lunes volveré a estar aquí, Ilia. Y si las cosas no van bien, incluso puedo volver antes, y no creo que el chico me persiga hasta aquí.

—¿Y si es menor de edad?

—¿Te imaginas? —Pone cara de viciosa y le tiro la servilleta a la cabeza.

Me ahorro decirle todo lo que ya sabemos: que nunca se sabe, que Internet es un nido de víboras, que no hay nada más fácil que engañar vilmente en un chat, que el tal Diego puede ser un asesino en serie... En fin, ella lo sabe tan bien como yo, pero es inútil intentar que cambie de opinión. Todavía no sé si Vilma es una inconsciente o le va la marcha y lo que quiere, precisamente, es vivir en riesgo permanente.

—¿Si te pasa algo, quieres que intente adoptar a Mateo? —Suena muy cruel, pero es mi último intento para disuadirla.

—Si me pasa algo, te quedas con los tres.

—¡Y qué más! ¡A los adolescentes que los aguante su padre!

Nos despedimos a la salida del restaurante y la miro irse con una angustia controlada. De espaldas parece una niña de quince años, tan delgada y con el pelo recogido en una coleta...

El lunes, Vilma aparece en la redacción con gafas de sol. No sé si es que no ha dormido por lo bien que le ha ido todo, o que el sádico le ha dado una paliza y esconde un ojo morado; por lo menos está viva y ha vuelto.

Tomando un café delante de la máquina le pregunto cómo está y su sonrisa no deja lugar a dudas: el fin de semana ha sido un éxito. Fabuloso. Portentoso. Espectacular. Impresionante. Son algunos de los adjetivos que Vilma concede a su nuevo amante.

—¿Y qué? —cotilleo—. ¿Es mayor de edad, por lo menos?

Vilma empieza a reírse y me temo lo peor. «Vas a ir a la cárcel», le advierto muy seria, pero ella continúa riéndose como una loca.

—Es bastante mayor de edad —dice finalmente, sujetándose el costado, que le duele de tanto reírse.

—No se puede ser «bastante mayor de edad», Vilma —le digo, ya mosqueada—. A ver, es muy sencillo: si ha cumplido los dieciocho es mayor de edad, si no, no lo es.

Vilma vuelve a reírse, y ya empiezo a irritarme de verdad, así que insinúo el gesto de dejarla allí plantada. Me agarra por el codo para que no me vaya:

—Espera, espera...

Mientras recupera el aliento, le doy una última oportunidad.

—Te había mentido con la edad, ¿no?

—Sí —confiesa finalmente.

—¿Cuántos tiene?

—Cincuenta y siete.

Y mientras me esfuerzo sin éxito para cerrar la boquita, que creo que se me va a quedar abierta para siempre, Vilma vuelve a reírse.

—Eso no te lo imaginabas, ¿eh? La verdad es que yo tampoco. Pero el caso es que me gusta, con sus cincuenta y siete años y todo.

La observo detenidamente y le veo una expresión de felicidad que no le recordaba. La empujo cariñosamente hacia los ordenadores: «Date prisa, convoca una cena *Poltergeist*, venga, esto sí que es un fenómeno extraño...»

Vilma escoge restaurante: La Rosa del Desierto. Su plato preferido es el cuscús con verduras. Yo me derrito con los dulces marroquíes. Tanto Ana como Beth descubren a primera vista que a Vilma le sucede algo. Su mirada chisporrotea de una forma que la pone en evidencia. Y ella confiesa que su amante cibernético ha pasado a ser amante carnal este fin de semana (las otras dos se emocionan). Nos cuenta que le había mentido con la edad, pero no para ponerse años encima, como pensábamos, sino para quitarse unos cuantos. Aclara que tiene cincuenta y siete (las otras dos no lo pueden creer). Y, finalmente, Vilma comparte con nosotras la valoración que Diego le merece, y empieza a soltar los adjetivos que antes he citado, que si fantástico, que si magnífico (y las otras dos alucinan).

—Vilma —dice Beth, realmente emocionada—. ¡¡Me parece que te has enamorado!!

—No nos pasemos, bonita. —La corta Vilma sin contemplaciones—. No vayamos a perder la cabeza. Lo he pasado fenomenal. Nos entendemos extremadamente bien en la cama. Es el único hombre que ha hecho que se me moviera algo dentro desde hace años... de acuerdo. Pero nada más, de momento.

No hace falta decir que, tratándose de Vilma-iceberg-Banús, esta admisión pública de emociones nos deja noqueadas. Y ella lo sabe. Sabe que si no se ha enamorado, le falta poquito, poquito.

Ana, como siempre, intenta poner orden:

—Vamos, vamos, la ficha.

Nombre: Diego Alonso.

Edad: 57.

Profesión: Arquitecto.

Sintonía del móvil: El sonido de una taladradora.

Estado civil: Divorciado... dos veces.

Como soy la más rápida del oeste, me adelanto a las demás con la pregunta obvia:

—¿Cuántos hijos tiene?

—Tres del primer matrimonio y dos del segundo.

—Hum, no está nada mal... tres y dos cinco, y tres tuyos: ocho.

—¡Qué bonito! ¡Cuando estéis todos juntos será como *Con ocho basta*!

—Por curiosidad, ¿cuántos años tiene el mayor?

—Es una chica y tiene treinta y tres. Y es madre de dos hijos, mayores que mi Mateo, si lo queréis saber.

—O sea ¡que te has ligado a un abuelo!

—Sí, pero la viagra hace milagros.

Le pregunto a Beth cómo le va con Daniel. A estas alturas ya no dudamos de que se ha enamorado hasta las trancas, y que está viviendo ese momento dulce e irrepetible en una relación: su amor tiene dirección de ida y vuelta sin sufrir ningún desequilibrio. Dicho de otra forma: Daniel está tan enamorado de ella como ella de él. Ni más ni menos.

Y a Beth no le cuesta nada reconocer que las cosas van bien. «Es como si hubiese vuelto a casa», dice, y en su caso, la expresión es muy acertada porque, como ya sabéis, el lazo entre Beth y Daniel se estableció hace muchos años, en la infancia, y en el primer sitio donde fueron felices, en casa.

Sería fácil lamentar ahora que estas dos personas predestinadas a encontrarse hayan perdido tantos años, hayan probado amores diversos con sus fracasos correspondientes y hayan sufrido la soledad tantas tardes de domingo... pero no creo en la predestinación, qué lástima. Creo que Daniel y Beth se querían de una manera cuando eran pequeños y se han reencontrado ahora para construir, encima del poso de aquella amistad, una relación radicalmente distinta, y que eso ha pasado ahora porque son la Beth de hoy y el Daniel de hoy los que se han enamorado, después de haber vivido otros amores, fracasos y soledades.

Con estas filosofadas acabamos la noche Beth y yo cuando me lleva a casa en su mini. Salgo del coche y cierro la puerta con suavidad. Me asomo por la ventanilla para desearle buenas noches y la veo reclinada en el asiento del conductor, la cabeza hacia atrás y el pelo llenando de olas la tapicería. Me dirige una sonrisa deslumbrante. No la había visto nunca tan feliz.

A la mañana siguiente me llama Isaías. (Recapitulemos: mi ex marido y padre de Octavio. Estuve casada con él siete años y medio. Es profesor universitario, un gran intelectual, con un coeficiente muy bajo de inteligencia emocional. Se volvió a casar hace poco con una azafata de vuelo danesa, Karen, veinte años más joven. Viven en Copenhague.)

Cada vez que hablo con Isaías —a medida que Octavio se hace mayor cada vez menos— me pasa lo mismo. No puedo evitar una primera reacción positiva, recupero el afecto que le tuve, recuerdo la admiración que le profesaba, e indefectiblemente, esta reacción positiva se va negativizando durante la conversación. En seguida van apareciendo las razones por las que me separé.

—Ilia, ¿cómo estáis?

—Muy bien, Isaías, ¿y tú?, ¿y vosotros? —rectifico, no quiero resultar antipática sin motivo.

—Todo muy bien, gracias.

Este primer silencio ya me pone sobre la pista de cómo podía llegarme a impacientar una conversación con Isaías.

—¿Para qué llamabas, Isaías? —pregunto, para facilitarle el trabajo.

—Pues mira, porque tengo que daros una noticia... una buena noticia.

—...

Segundo silencio injustificado. Pero esta vez no pienso facilitar nada. Callo y espero.

—¿Ilia?

—Sí, te escucho.

—Mira, que Karen ha tenido un niño. Hemos tenido un niño. Octavio tiene un hermanito.

Mis viejos amigos, los enfermeros de bata blanca, empiezan a preparar la litera, el suero, la máscara de oxígeno. Me parece que les detecto una media sonrisa algo cínica...

Ahora soy yo la que me he quedado muda. Había olvidado que Karen estaba embarazada. No encuentro las palabras. ¿Qué puedo decir después de oír al eminente catedrático de teoría económica Isaías Busquets diciendo que Octavio «tiene un hermanito»? ¡Por el amor de Dios!

—¿Ilia? ¿Me oyes?

—Sí, Isaías, sí, te he oído. Enhorabuena, felicita a Karen de mi parte. ¿El niño está bien?

—Sí, perfectamente, gracias.

—Me alegro.

—Eh... Ilia, se lo dices a Octavio, ¿vale?

No lo puedo creer. O sí, sí lo creo. De hecho, era bastante previsible.

—No, Isaías, no se lo diré. Se lo dirás tú. Llámalo dentro de un par de horas y podrás hablar con él. Adiós... y felicidades otra vez.

Los enfermeros me observan prudentemente, sin acercarse demasiado. Miran cómo me siento en el sofá y enciendo un cigarrillo. Supongo que deducen que ha pasado el peligro y desaparecen.

Isaías y Karen han tenido un hijo. Bueno. Y qué. Me importa un rábano. Pero ese niño es hermano de mi hijo. Mi hijo tiene un hermano que no es nada mío, ni siquiera familia lejana. Ese niño será tan hermano suyo como María y Berta. Pero vivirá en otro país, hablará otro idioma. ¿Qué tipo de relación tendrán?

De golpe me doy cuenta de que los enfermeros han regresado. Lo han hecho sigilosamente, pero con una expresión seria que no se parece en nada a la de antes. Los miro, interrogante. Uno de ellos me informa, con voz metálica: «Nos estamos adelantando a tus pensamientos. Dentro de unos segundos vas a necesitarnos.» Empiezo a tenerles un cierto afecto, la verdad...

Y ahora me doy cuenta de que, en efecto, mis pensamientos empiezan a avanzar por mal camino sin que yo pueda hacer nada por detenerlos: ¿Y si el traslado de Juan a Tokio acaba con una separación definitiva? ¿Y si él opta por quedarse a vivir allí unos años más? ¿Y si se enamora de una japonesa? ¿Y si acaban casándose? ¿Y si tienen hijos? La bola de nieve ha llegado al final de la pendiente, después de haber rodado a toda castaña acumulando inquietudes.

Si pasa todo eso —y no es en absoluto descartable—, María y Berta tendrán un hermano (o «hermanita», como diría Isaías) que no sólo tendrá otra mamá y hablará otro idioma sino que, además, será de otra raza. No me diréis que no sería raro. Entonces, en Navidad, haré como Isabel Preysler y reuniré a toda la familia: mis tres hijos, el padre del mayor, su mujer y los hijos que hayan tenido (todos rubios, con el pelo casi blanco de los daneses), y el padre de mis hijas, con su mujer de ojos rasgados y su descendencia (todos de pelo negro y liso, con una cierta retirada a Sudoku... ay, no se llamaba así..., Son Goku, el de los dibujos animados).

Los enfermeros se sientan a mi lado en el sofá. Me dan unos golpecitos en la espalda, uno me coge la mano, me dirigen miradas compasivas. Pero uno de ellos, el que tiene la mirada más socarrona —el más guapo, también, que esté impactada no quiere decir que me haya quedado ciega—, dice:

—Entonces, cuando los tengas a todos reunidos en casa, llegaré yo y os haré una foto que irá de fábula para el catálogo de Benetton.

Le hundo el codo en las costillas. Qué gracioso.

Aquí está, viene ya tan feliz,
con sus flechas de amor para ti,
quizá también para mí,
sí también para mí.

KARINA

Beth me llama para ir a comer, y cuando le digo que convocaré a Vilma y a Ana me dice que no, que mejor las dos solas. Intuyo que esa conversación privada tiene que ver con Daniel.

Efectivamente, «el hombre que susurraba a los delfines» es el protagonista del encuentro. Beth me dice que nunca se había sentido tan segura de estar enamorada. Que se iría con él a cualquier rincón del mundo (supongo que quiere decir «incluso a Tokio», o sea, una manera como otra de decirme que yo no estoy lo suficientemente enamorada de Juan, pero no hablemos de mí...). Que es un hombre divertido pero responsable, que está pendiente de ella pero respeta su espacio, que sus padres y sus hermanos lo consideran uno más de la familia, que... Interrumpo el diluvio de elogios que está empezando a empalagarme y le pregunto:

—Y entonces, ¿cuál es el problema?

—No hay problema.

—Ah, estupendo. Y entonces ¿por que teníamos que comer en privado?

—Ilia, creo que Daniel y yo nos vamos a casar.

—¡Ooooostraaaas!

Reconozco que, con una gran demostración de estupidez, la noticia me pilla de sorpresa. Beth siempre ha tenido ganas de vivir en pareja, de tener una familia, ¿por qué no decirlo?: de casarse, también. Los dos están solteros y, claro, se casan.

—Enhorabuena, Beth, me alegro mucho por ti, estoy muy contenta, y estoy segura de que vas a ser feliz..., pero continúo sin entender por qué no quieres compartirlo con Ana y con Vilma.

Las personas no dejan nunca de sorprenderte. Incluso las amigas más íntimas. ¿Lo podéis creer? Va Beth y me suelta:

—Tú eres la madrina de Telma. Daniel va a hacerle de padre y quiero saber qué opinas.

—Por favor, Beth. La única persona que debe opinar sobre Daniel eres tú, ni siquiera Telma, si fuese mayor como para tener opinión, debería ser decisiva. Tú lo has escogido, pues bien escogido está. Pero si quieres saberlo... creo que has acertado. Daniel me gusta. Me gusta para ti y me gusta para Telma.

Beth se ríe y dice que ya lo sabía, pero que quería oírmelo decir.

—Llamaré a Daniel y le anunciaré que tenemos tu bendición.

—Supongo que no le has dicho que venías a pedirme opinión, ¿verdad? ¡Serás capaz...!

Me mira de una manera especial.

—¿Te cuento algo?

—Di.

—Le conté a Daniel hasta qué punto vosotras, Ana, Vilma y tú, sois importantes en mi vida. Le conté que no te había pedido que fueras la madrina de Telma como una convención social, que lo hice porque de verdad cuento contigo para su educación, para hacerla feliz y también para que viva contigo si me muero antes de que sea adulta. Y Daniel me dijo que lo entendía perfectamente, y me habló de las hembras de delfín. Me contó que su embarazo dura doce meses, y que a partir del quinto la hembra embarazada busca otra hembra, que puede ser la madre, una hermana, una de sus hijas adultas, para que la acompañe durante el resto de la gestación. En los siete meses siguientes, estas dos hembras no se separan para nada hasta el momento del parto. Cuando el pequeño delfín acaba de nacer, la hembra acompañante —la «tía», como la llaman los biólogos— cuida del recién nacido y lo acompaña hasta la superficie para que respire mientras la madre se recupera del esfuerzo.

Las palabras de Beth me emocionan hasta las lágrimas, que consigo detener. Para llenar el silencio que se produce, y que es un poco demasiado intenso para la situación en la que nos encontramos (la barra de un frankfurt llena de gente), comento:

—Los delfines son muy inteligentes... incluso pueden comunicarse de una manera bastante sofisticada, ¿verdad?

—Sí, así es, pero nunca han llegado a comunicarse con los hombres —aclara Beth.

—Mira, en eso también se parecen a nosotras —le digo.

Acabamos entre risas, como siempre.

Vilma y Ana reciben con gran alegría la noticia de la boda de Beth, de la que se enteran por teléfono esa misma tarde. En la redacción, cuando ya estoy acabando el artículo que estoy escribiendo, Vilma me manda un mensaje:

—¿Un café en la máquina?

Respondo inmediatamente:

—No. Quiero acabar el artículo y tengo que largarme puntual.

Vilma, ni que decir tiene, utiliza su viejo truco:

—Tú te lo pierdes.

No hay manera más eficaz de provocar la curiosidad de una mujer, y más si es periodista. Cedo de mala gana.

—De acuerdo, pero me sueltas la exclusiva y me voy.

A pie de máquina, la muy asquerosa pretende hacerse de rogar. La amenazo:

—Si no vas directamente al titular me largaré sin escucharte.

—Eso no te lo crees ni tú —dice Vilma, que me conoce como si me hubiese parido—. Pero de acuerdo, aquí lo tienes: me han dicho que el hermano de Beth se ha separado.

—¿Álex? ¿Qué me dices?

—Ey, ey, ey, que te veo chispitas en los ojos... que sepas que yo espero turno desde mucho antes. Si acaso, pide número, y cuando yo me canse, te lo paso.

La verdad es que Álex Maluquer es guapísimo. Tiene los ojos de Beth, de ese color indefinido que les da un aire nórdico, pero tiene la piel y el cabello más oscuros que su hermana, la boca y la nariz de dimensiones generosas, hoyuelo en la barbilla... un auténtico marron glacé, vaya. Además, es bien educado, y muy divertido, y un hábil hombre de negocios.

—Todavía recuerdo el disgusto que tuvieron sus padres cuando el niño decidió no ir a la universidad.

—¡Sí, sí! El hijo del neurólogo Alejandro Maluquer, nieto del pediatra Alejandro Maluquer... no quería ser médico. ¡Qué drama!

—Y ahí lo tienes, montado en el dólar, con su negocio de coches de segunda mano.

—Coches de lujo, para ser exactos.

—Sí, sí... pero no deja de ser un simple vendedor de coches, y no sabe cómo gastar los millones que tiene...

—Pronto no tendrá que pensar en cómo hacerlo: se los quedará su ex mujer. ¿Cómo se llama la mosquita muerta?

—Se llama Arantxa.

—Vaya imbécil.

—No es ninguna imbécil. Le tienes manía porque a ti te gustaba Álex y ella te lo robó. Pero mira, la vida te da una segunda oportunidad, aún estás a tiempo.

—Qué manía. No quiero una segunda oportunidad, sólo quiero darle una alegría al cuerpo de vez en cuando, y te recuerdo que ese puesto ya está ocupado.

—¡Sí, ya ves, por un tipo al que verás una vez al trimestre!

—Pero ¿todavía no lo entiendes? Con eso tengo suficiente. ¿Tú sabes lo bien que se está en el sofá mirando la tele sin que nadie te moleste? ¿Y en la cama? Leyendo hasta que te da la gana sin nadie que resople a tu lado... Y por la mañana...

—Ya, ya, me voy haciendo una idea.

—Dentro de poco tú también comprobarás las ventajas de no convivir con la pareja... Ya me lo dirás.

Vilma tiene muchas virtudes, pero digamos que la sensibilidad y la delicadeza no serían las más destacadas. Me voy a casa pensando qué triste va a ser ver «Salsa Rosa» sin oír la voz de Juan, como un abejorro, preguntando: «¿Y ésta quién es? ¿De quién están hablando? ¿De quién dice que fue amante?» Y no oírle roncar por las noches, y que no tenga el baño ocupado durante una hora por la mañana... Y empiezo a echarle de menos terriblemente.

Cuando llego a casa, Juan me espera con una noticia: ya tiene fecha para irse a Tokio. Será a primeros de junio. Dentro de un mes y medio. De esta manera, me dice tan convencido, en seguida llegará el verano y todo será más fácil para mí. Lo dice con buena intención, estoy segura, pero ¿cómo puede pensar que el verano, las primeras vacaciones en solitario, sea una época adecuada para empezar esa nueva vida? Sólo confío en que alguna de mis amigas quiera hacer planes conmigo... También confío en que mis suegros se lleven a las niñas durante el mes de julio a Llavaneres, aunque eso quiera decir que tenga que ir yo allí los fines de semana. ¡Y sin Juan! Me parece que lo voy a pensar un poquito más. Seguro que encontraré algún sitio en Barcelona para que vayan durante el mes de julio...

Al cabo de unos días organizamos una cena al más puro estilo «Mujercitas» para celebrar oficialmente la boda de Beth y Daniel. El itinerario gastronómico nos llevó esta vez al Mastroqué, un restaurante francés que queda cerca de la basílica de la Mercè.

Milhojas de camembert y salmón, verduritas con foie y tomate confitado, fondue de frutas con chocolate negro. Un vino blanco alsaciano para acompañar... para acompañarnos en un viaje psicodélico hacia la nostalgia.

Desordenada, escandalosa, alocadamente, recordamos las cenas en las que celebramos las bodas respectivas: Ana con Roque, Vilma con Claudio, yo con Juan, yo con Isaías, y una cosa lleva a la otra: retrocediendo en el tiempo, recordamos que Ana y yo fuimos cuñadas (ella tuvo una breve pero intensa historia de amor con mi hermano Roberto, el mayor), Vilma y Beth recordaron sus locuras adolescentes en Calella, con la pandilla de los veranos de la que, por cierto, también formaba parte Daniel, el novio.

En Calella, precisamente, celebramos nuestra primera cena las cuatro. Ana estaba en plena depresión postidilio, después de haberse peleado con mi hermano, y yo acababa de ser abandonada por un imbécil que, desgraciadamente, ha pasado a la historia —a mi historia personal— como mi primer amor. Lo que ya es triste. Pero sí, yo ya apuntaba maneras de jovencita: la primera vez que me enamoré fue de un hijo de puta integral.

En fin, que Ana y yo llorábamos por los rincones de casa y mi madre ya estaba harta de nosotras, así que nos sugirió que nos largásemos un par de días. «Necesitáis que os dé el aire, ¿por qué no vais a visitar a Vilma, a Calella?»

Dicho y hecho. Me presenté en casa de los Banús por toda la cara, y con una invitada a la que no conocían de nada. No hace falta decir que los padres de Vilma se limitaron a echar dos colchones más en la buhardilla y a poner dos platos más en la mesa. La casa de los Banús en Calella era como una especie de residencia de estudiantes gratuita donde los amigos de sus hijos —cinco, contando a Vilma— siempre éramos bien recibidos.

Vilma y Ana, como yo sospechaba, simpatizaron en seguida y el primer baño en el mar esa tarde ya se llevó buena parte de nuestro mal de amores. En la playa, nos encontramos con la pandilla de Vilma: sus cuatro hermanos, Beth y Álex, hijos del neurólogo vecino de los Banús y otros veraneantes, como Daniel y su hermana.

Aquella noche, el Barça jugaba un partido considerado por la mayoría de los mortales como de máximo interés. El plan del grupo era reunirse en la buhardilla de los Banús con un cargamento de patatas fritas, pipas, palomitas y otras porquerías y verlo juntos.

Cuando el partido estaba a punto de empezar, inesperadamente, Vilma se incorporó de un salto y anunció que pasaba del fútbol y que se largaba al pueblo a comer una pizza. Como por arte de magia, mientras ella terminaba la frase, Beth, Ana y yo ya estábamos en la puerta con los bolsos cruzados en plan bandolera. Cenamos en la pizzería Ragazze de Calella. Chicas. Hace más de veinte años.

Y aquí nos tienes, brindando con vino de Alsacia por la boda de Beth con nuestro hombre-perla negra (o pata negra), nuestro amigo Daniel, «el hombre que susurraba a los delfines».

Te estoy amando locamente

Te estoy amando locamenti
pero no sé cómo te lo voy a decir.
Quisiera que me comprendieras
y sin darte cuenta te alejas de mí.
Prefiero no pensar, prefiero no sufrir
lo que quiero es que me beses.

LAS GRECAS

En mayo, mientras Beth intensifica los preparativos de su boda, Juan ultima su traslado a Tokio. La empresa le ha alquilado un apartamento pequeño y moderno, en el centro de la ciudad, muy cerca del despacho donde trabajará, en el piso 35 de un edificio de oficinas.

Así las cosas, a medida que pasan los días, la euforia de Beth crece de forma inversamente proporcional a mi depre. Vilma, que como sabéis es nerviosa y caótica de por sí, ha incrementado su estrés con el cibernovio aragonés. Ahora, además de combinar el trabajo, la casa, los hijos adolescentes y el bebé, tiene que organizarse para sus escapadas mensuales a Zaragoza, que no sustituyen sino que vienen a sumarse a las salidas al teatro o al cine con otros pretendientes como «Horror Miguel», su eterno adorador.

En estos momentos, yo diría que Ana es la que vive una vida más normal: sin grandes altibajos emocionales, trabaja siete horas al día en un proyecto para el que la ha becado el Instituto de Antropología de Berlín, y el resto del día lo dedica a sus hijos, que empiezan a parlotear y te mueres de risa con ellos.

Diría que el trabajo y los gemelos le proporcionan una satisfacción complementaria que hace que su vida sea plena y tranquila.

Esporádicamente, Ana comunica que ha conocido a algún hombre que inicialmente le ha interesado, pero la verdad es que ninguno ha sabido mantener la tensión de ese interés. Últimamente ha descartado a un tal Oriol, presidente de la asociación de vecinos de su barrio, a quien conoció en una chocolatada popular destinada a recaudar fondos para la compra de acacias para la plaza que el ayuntamiento está remodelando cerca de su casa. Parece ser que es un chico inquieto y muy activo... tan inquieto y tan activo que tiene la agenda muy ocupada.

El lunes por la noche, ensayo con el orfeón, el martes, asamblea de la agrupación de barrio de ERC, miércoles, ensayo de *castellers* (él toca la *gralla* y, por cierto, es el sonido que lleva incorporado como sintonía de su móvil), jueves, reunión del AMPA del colegio de los niños (es el secretario)... en definitiva, que nunca tiene tiempo para quedar con Ana.

Guillermo —propietario de la librería especializada que Ana frecuenta por su trabajo—, también despertó ligeramente el interés de mi amiga. Se trata de un conversador brillante, gourmet y gourmand, experto en vinos y, quizá, futuro propietario de una bodega con cosecha propia.

Ana y Guillermo salieron a cenar dos o tres veces, siempre a restaurantes selectos que él descubría gracias a su privilegiada información. Pero como sabéis, los príncipes azules destiñen en seguida. El interés por la gastronomía escondía una patética obsesión por la comida. La cocina era el único tema de conversación del librero-gourmet. Los pueblos, las ciudades y los países eran valorados en función de su nivel culinario, las veladas en compañía de Ana recibían una puntuación según la calidad del restaurante donde habían cenado. ¡Incluso de las novelas destacaba las referencias a la comida!

Las cosas comenzaron a deslizarse por una pendiente peligrosa el día en que Ana y Guillermo compartían mesa en una vinatería cercana a la plaza de Sant Jaume. Guillermo exhibió de una manera un poco excesiva para el gusto de su acompañante los conocimientos recientemente adquiridos en un curso de enología y pidió un vino tinto del Priorat de un año concreto, aclarándole a una avergonzada Ana que ese año las temperaturas en la temporada de cosecha habían permitido que el vino adquiriese un cuerpo especialmente consistente. Cuando les sirvieron el vino y ante una Ana presa del pánico, Guillermo inició el ritual de los catadores de vino con todo lujo de gesticulaciones: remover el vino para oxigenarlo, meter la nariz en la copa y aspirar profundamente, y, finalmente, tomar un pequeño sorbo. Con el vino en la boca y Ana progresivamente horrorizada, Guillermo paladea el vino, mejor dicho, se enjuaga con él como si estuviese utilizando Oraldine para curar unas llagas y, a continuación, levanta la mano para llamar la atención del camarero. Cuando el chico se acerca, Guillermo explica que «le parece que el vino tiene un trasfondo extraño, como un puntito ácido al final de trayecto...». El chico, sin pronunciar palabra, se lleva la botella hacia la cocina donde —Ana está segura—, debe de decir algo así como: «A ver, tengo que cambiar este vino, tenemos otro gran entendido que ha hecho un cursillo de cata de vinos y quiere llamar la atención.»

Y, finalmente, la peor costumbre, que Ana no estaba dispuesta a tolerar, era describir con todo lujo de detalles alguna comida anterior, mientras los dos compartían mesa. Es decir, que mientras se zampaba un *confit* de pato, Guillermo era capaz de estar describiendo el olor, la textura y el sabor de un tronco de merluza. Ana huyó de Guillermo como alma que lleva el diablo.

El último fichaje frustrado de Ana se llamaba Nico. Y sí, como su nombre indica, pertenece a esos que solemos conocer como pijos. Reúne todos los requisitos: buenísima familia, con casa en la parte alta de Barcelona, coleccionista de arte, jugador de golf con casita en una urbanización con campo de golf del Empordà, vestido con trajes de Bel o Santa Eulalia, ropa *casual* de Ralph Lauren o de Custo, amigos del PP, e incluso alguno del Opus.

Y, como decía Ana, *malgré tout*, un tío encantador. Supongo que inteligente, bien preparado, con sentido del humor británico, una educación selecta y ese punto de confianza en la vida que, llegado a la madurez, sólo puedes conservar si tus dos apellidos son compuestos y a poder ser van precedidos de un «de».

Que con estas credenciales, Ana fuese capaz de aceptar una invitación de este personaje e, incluso, repetir, me hizo pensar que las dichosas flechas del amor que cantaba Karina habían hecho diana, finalmente, en el corazón de mi amiga antropóloga. Y de hecho, ella misma me confesó que, quince años atrás, hubiese caído rendida a sus pies, pero en aquellos momentos era capaz de prever, con claridad meridiana, que semejante relación no resistiría las presiones del entorno (más poderoso que el del Barça, lo que ya es decir).

—Si actúas con tanta frialdad, nunca volverás a tener pareja —le advierto a Ana que, sorprendentemente, no me escupe en la cara sino que me contesta sin alterarse:

—Volver a tener pareja no es mi objetivo en esta vida, creía que ya lo sabías. Más bien al contrario.

—Ya sabes lo que se dice: nunca digas de esta agua no beberé...

—... Ni este hombre no se sentará en mi sofá.

Beth y Daniel han fijado fecha para la boda: el 5 de julio. En una exhibición de egoísmo, mi primer pensamiento cuando la novia me lo comunica emocionadísima es: Juan no estará.

Cuando le confieso mi bajeza a Beth me contesta:

—Fantástico, así podrás formar pareja con Álex. Estoy segura de que a él tampoco le hace gracia ir solo.

De repente, como si me acabase de tomar una aspirina efervescente contra el desánimo, mi tristeza se evapora (como dice la chica del anuncio que sucede con el dolor de cabeza ¿sabéis? Gesticula con las manos y... bueno, da igual), y aprovecho para preguntarle por qué se ha terminado el matrimonio de su hermano.

—Ha sido ella, Arantxa. Álex se quedó hecho polvo porque no lo esperaba... pero creo que se está recuperando con una rapidez milagrosa.

—¿¿Ella?? Pero ¿¿por qué?? —pregunto indignada. Y añado—: ¿cómo puede una mujer que no esté mal de la cabeza dejar a tu hermano Álex, el hombre ideal, el hombre perfecto, el hombre...?

—Ilia, ¿te estás oyendo? ¿«El hombre ideal»? Creía que habíamos quedado, hace muchos, muuuuchos años, en que el hombre perfecto no existe.

—De acuerdo —cedo—. Pero Álex se le acerca mucho. Digamos que es «el hombre óptimo» o «el hombre excelente».

—No digas tonterías... seguro que en la convivencia debe de tener sus pegas, como todo el mundo.

—No se me ocurre...

—Le gusta ver «CSI» y no puede evitar irte contando la trama, como si fueses estúpida y no pudieras entenderla... Ah, y, si se sienta a tu lado cuando conduces, va frenando con el pie y dando instrucciones continuamente.

—Mmmm, de acuerdo, le rebajaremos el título: ¿«el hombre satisfactorio»?, ¿«el hombre agradable»?

—No acostumbra a captar los dobles sentidos, ni los juegos de palabras, ni las ironías sutiles. En este sentido es muy masculino.

—Entonces... ya lo tengo: «el hombre inofensivo» o «el hombre normal»...

—¿Lo ves? Álex es «El hombre normal». No es como para lanzar cohetes.

—¡¿Cómo que no?!

Mi «hombre normal», Juan, se va finalmente a Tokio. La despedida es muy tierna, sobre todo con las niñas, que besuquean y abrazan a su padre como dos gatitos de meses. Juan reprime las lágrimas como le enseñaron a hacer en los maristas y promete a María y a Berta que volverá pronto, que traerá regalos de todas clases y que llamará todas las noches para hablar con ellas.

Octavio se muestra sorprendentemente afectuoso con Juan y él le da instrucciones como si realmente fuera a hacerle caso: cuida a tus hermanas, obedece a tu madre y ayúdala, estudia.

Y yo lo acompaño al aeropuerto después de una noche sexualmente brillante, tierna y lujuriosa, y también reprimo las lágrimas, como me enseñaron... No, a mí nadie me lo enseñó, pero sé que Juan lo prefiere así.

—Pórtate bien... —dice Juan, sujetándome la barbilla y obligándome a mirarlo a los ojos.

—Tú también —le pido—. Que las geishas... haberlas, haylas —digo, intentando hacerlo reír.

Nos abrazamos con una sonrisa en los labios y lo veo pasar por el arco de la policía, dejando el ordenador portátil en la cinta. De espaldas, con vaqueros y jersey, parece un chaval de veinte años. Se da la vuelta en el último momento y me saluda levantando una ceja. Cuando ya no me ve, rompo a llorar, perdida en medio de la terminal, entre la tienda de Benetton y el Jamaica Coffee Shop.

La gente circula de prisa a mi lado, arriba y abajo, hasta que un señor mayor, de pelo gris, bigote y cejas despeinadas, juraría que británico, me pregunta amablemente, pero creo que con socarronería:

—Joven, ¿puedo ayudarla?

—No lo creo, pero gracias.

—Quizá podría invitarla a un café...

Sé que sonará teatral, pero la verdad exacta es que le respondí:

—Le aceptaría un whisky.

Y aún os parecerá más increíble, pero el señor no alteró ni un ápice sus facciones y dijo, como si yo fuese la reina madre:

—Será un placer.

Y allí me tenéis, sentada en un taburete, en la barra de un bar del aeropuerto, con un auténtico sir a mi lado, hablando del amor, y de la distancia, y de la calidad del whisky de malta.

Esa insólita situación me sirvió para descubrir que mi vida, contada a un desconocido, se podía resumir en dos minutos: mi marido se ha ido a trabajar a Tokio y yo he decidido quedarme aquí, estoy segura de haber hecho lo que debía, pero me siento sola, triste y desamparada.

—El gran problema siempre consiste en saber lo que quieres —dice mi amigo recién estrenado, Bill Fisher.

—Exactamente —le respondo, sorprendida y agradecida por su comprensión—. Yo quiero un amor romántico, apasionado y auténtico, pero que me permita continuar siendo libre e independiente...

—Y seguramente te gusta ser inteligente y lúcida y un poco cínica, pero quieres ser feliz, ¿verdad?

—Me gustaría, sí.

—¿Sabes qué, Ilia? Desde que me jubilé leo mucho a Sigmund Freud.

A pesar de que me hubiese gustado reprimir el movimiento, no puedo evitar el levantamiento de cejas. Bill me ha contado que es mecánico de coches jubilado. Él capta en seguida mi perplejidad.

—Sí, sé que puede parecer extraño, pero después de cuarenta años observando cómo funcionan los coches por dentro, ahora me gusta investigar en el interior de las personas. La mecánica de la psicología humana, si quieres decirlo así... ¿Y sabes qué escribió Freud?

Lo escucho embobada mientras el whisky de malta empieza a calentarme por dentro y a fundir lentamente el nudo de angustia que no me dejaba respirar.

—Más o menos, escribió: la gran pregunta para la que, después de treinta años de investigación del alma humana, todavía no he encontrado respuesta, es: ¿qué quiere una mujer?

Bill esboza una sonrisa ladeada hacia la izquierda, y alrededor de sus ojos se forman un millar de minúsculas arrugas. Le devuelvo la sonrisa y le digo:

—Es fácil, Bill: las mujeres lo queremos todo.

Mi amigo paga las consumiciones y me planta un beso en la frente.

—Ahora, Ilia, debo irme..., tengo prisa. Me ha gustado mucho conocerte.

Atravieso esa gran ciudad en miniatura que es el aeropuerto con la sonrisa bailándome en los labios. Cuando llego al trabajo, Vilma me observa, extrañada.

—¿No era hoy el día de la despedida?

—Sí, vengo del aeropuerto.

—Chica, pues parece que te lo has tomado la mar de bien.

Cuando le cuento mi encuentro con el mecánico/psicólogo británico, Vilma, como no podía ser de otra forma, me observa con incredulidad.

—¡Te pasan unas cosas, Ilia...!

Entonces me acuerdo de María, la mujer mayor que conocí el día que nació Telma, hace más de un año, y que me dio la clave para dejar de angustiarme por el hecho de haber cumplido los cuarenta. Le reconozco a Vilma que lleva razón, que he tenido algunos encuentros sorprendentes con personajes insólitos que aparecen y desaparecen en mi vida sin ninguna razón aparente más que la de ayudarme en un momento preciso.

—Son las Ilíadas... —dice Vilma, cariñosamente (supongo, vaya, no creo que quiera decir que me lo invento, ¿no?).

Love is in the air

Love is in the air	El amor está en el aire
everywhere I look around	en cualquier rincón
love is in the air	el amor está en el aire
every sight and every sound.	en todo lo que veo y siento.
Love is in the air	El amor está en el aire
in the rising of the sun	en la salida del sol
love is in the air	el amor está en el aire
when the day is nearly done.	cuando el día casi termina.
Love is in the air	El amor está en el aire
every sight and every sound	en todo lo que veo y siento
and I don't know if I'm being foolish	no sé si me estoy volviendo loco
don't know if I'm being wise.	no sé si me estoy volviendo sabio.

JOHN PAUL YOUNG

Para el fin de semana de la boda, Ana, Vilma y yo alquilamos un apartamento en la playa de Tamariu, cerca de Calella. Nos llevamos a Geo, mi sobrina *heavy*, como canguro, para que se quede con los críos la noche antes y nos ayude con ellos durante la fiesta. Mi cuñada me llama para asegurarme que obligará a Geo a vestirse como una persona normal para la boda y, por una vez, y sin que sirva de precedente, le agradezco sinceramente el gesto.

Yo, por mi parte, he conseguido que Octavio acepte un pantalón azul marino, zapatos oscuros y camisa de lino de color crudo. Evidentemente, he tenido que asumir la advertencia solemne de que nunca más en la vida volverá a ponerse nada de todo eso... María y Berta, en cambio, han saltado y chillado de alegría cuando han visto sus vestidos de color verde manzana y la diadema de florecitas de tela.

Ana, Vilma y yo le hemos hecho creer a Beth que vamos a ir las tres vestidas igual, como las damas de honor de las bodas de las pelis yanquis. La pobre nos cree capaces de todo y se lo traga a la primera.

La noche antes de la boda vamos a cenar las cuatro a un restaurante de Calella. Beth nos cuenta que han colocado largos bancos de madera en el jardín de la casa de sus padres y que la ceremonia la oficiará un concejal del ayuntamiento que es amigo de la familia.

—Cuando llamen a los testigos, tenéis que salir y poneros a mi lado —explica la novia.

—Quedaremos tan bien, las tres con el mismo vestido... pareceremos hermanas. —Vilma le quiere tomar el pelo, pero le sale una voz tan falsa que se nos escapa la risa.

—Y ¿de qué color es el vestido? —pregunta ahora Beth, forzando una expresión de interés desmedido.

—Tres tonos de rosa —contesta Vilma, rápida—: Rosa-palo, rosa-chicle y rosa-furcia, que es el mío, claro.

—¿Y con quién compartimos mesa? —pregunta Ana, después de las risas.

—Como las tres estáis sin pareja —dice Beth, pronunciando todas y cada una de las sílabas de las palabras SIN PAREJA—, he tenido que sacar hombres solos de debajo de las piedras. Estáis con mi hermano Álex, mi primo Alberto, que es gay, y el concejal que nos casa, que tiene a la mujer ingresada en el hospital.

—Menudo panorama —se lamenta Vilma.

—Álex no está nada mal —hago constar, tímidamente.

Las tres se me echan encima: ¡Eh! ¡Que tú todavía estás casada! ¡Le prometimos a Juan que te vigilaríamos!, etc.

Hacia la una y media, Beth dice que se está poniendo nerviosa, que le duele la cabeza y que si bebe más vino al día siguiente tendrá cara de resaca. La acompañamos a casa de sus padres y la llenamos de besos y de recomendaciones. La veo empequeñecer en el espejo retrovisor, diciéndonos adiós con la mano, con los vaqueros y la camiseta roja que se le levanta y deja al descubierto su ombligo.

—La verdad es que no sé cómo tiene moral para casarse teniendo en cuenta nuestras experiencias... —No he podido evitar decirlo. Sé que no es el momento y que hasta ahora todas hemos fingido que la boda es una gran noticia que nos hace muy felices y sobre la que no tenemos ninguna duda, ninguna prevención.

—Ya sabes lo que se dice, que el hombre, y supongo que se trata de un masculino genérico que incluye a las mujeres, es el único animal que tropieza dos veces con la misma piedra, y todo eso... —dice Ana, en una lección rápida y gratuita de antropología barata.

—Aquí la única que ha tropezado dos veces es Ilia —puntualiza Vilma, tan cariñosa como siempre.

—Uy, no digas nunca...

No me dejan acabar, hablan las dos a la vez, pisándose.

—Sí, sí, todo eso del agua, que si no la beberé, que si nunca digas nunca jamás...

—Me sentaré pacientemente a ver cómo tropezáis una tras otra. —Quiero vengarme—. Y, os lo advierto, cuanto más creáis que controláis, más histórico será el trompazo...

A la mañana siguiente todo son prisas y nervios en el pequeño apartamento lleno de sol de Tamariu. Mis hijas se dejan peinar entre risas, pero inmediatamente después las veo dar volteretas en el sofá y sus rizos vuelven a su estado caótico natural; los gemelos, cuando se ven el uno a la otra tan elegantes, se besan y se abrazan de puro entusiasmo, pero no saben frenar a tiempo y acaban lamiéndose, llenándose de babas, mordiéndose y, finalmente, llorando a moco tendido. Vilma, que lleva a Mateo en brazos con la intención de que se duerma, me pide que le abroche la cremallera que sigue el itinerario de su columna vertebral. Lo intento, pero a la altura del sujetador, la cremallera dice hasta aquí hemos llegado, y se para. Vilma me regaña y me ordena que acabe de abrocharle el vestido de color verde hoja. «No puedo —murmuro con un hilillo de voz—, me da miedo que la tela se rasgue... A lo mejor te has ensanchado un poco.» Observad que digo «ensanchado» y no «engordado», para no ofender, pero aun así Vilma se pone furiosa.

—¿Engordar, yo? ¡No digas tonterías!

Y tiene razón, porque está como el palo de una escoba, no tiene ni un gramo de grasa en todo el cuerpo. Se le dibujan las costillas y todas las vértebras, una por una. ¿Entonces? Cuando deja a Mateo en la cuna, finalmente dormido como un tronco, Ana se acerca a Vilma y le sube la cremallera hasta la nuca con suavidad, sin ningún problema. Mi amiga íntima se da la vuelta hacia mí, triunfante, y me suelta un: «¿¿Lo ves??» El vestido le queda ceñido al cuerpo, cosido a la piel, impecable. Está realmente espléndida y se lo digo. En seguida cambia la mirada colérica por una sonrisa abierta y mueve sus mechones rojizos en una danza eufórica.

Ana lleva un dos piezas de crêpe de seda en color crudo: pantalón de pernera ancha y chaqueta corta y bastante escotada. Está extremadamente elegante, clásica y moderna a la vez, con unos pendientes llenos de minúsculos diamantes que le iluminan el rostro. Me aclara que los pendientes, de diseño modernista, son herencia de su abuela materna, la mítica Ángela Bru, que le transmitió el amor por la antropología, a pesar de que ella no tuvo la oportunidad de estudiar en la universidad. Una mujer valiente y sabia, auténtico referente en la vida de mi amiga Ana.

No hace falta decir que, cuando llega mi turno y me veo reflejada en el espejo, no me gusto nada. Estreno un vestido de color malva que en la tienda me pareció realmente poético y que ahora me parece tirando a cursi. El chal de seda de color marfil, bordado con diminutas flores moradas que pensaba que le daba el toque de originalidad, ahora se me antoja de vieja, y el pelo corto, que pensaba que modernizaba mi imagen, me hace mayor. Octavio entra en la habitación y me encuentra plantada ante el espejo, alicaída y a punto de llorar. Lo miro y, por su expresión, deduzco que él acaba de hacer lo mismo —observarse en el espejo— y que se siente tan alicaído y tan a punto de llorar como yo. De repente me da pena verlo tan avergonzado, y me arrepiento de haberlo obligado a disfrazarse.

—¿Sabes qué? —le digo, con una gran sonrisa—. Puedes quitarte todo esto, si quieres. Tenías razón, no tienes por qué vestirte como si fueses otro. Es la boda de Beth, que te conoce desde que naciste, y estará contenta de tenerte aquí, vayas como vayas vestido.

Mi hijo me mira alucinado. Creo que piensa que me he vuelto loca. Asiento con la cabeza sin dejar de sonreír:

—Te lo digo en serio, Octavio, ve a cambiarte.

Entonces él también dibuja una gran sonrisa y dice:

—Si acaso me quitaré los zapatos y me pondré las deportivas, con eso será suficiente.

—De acuerdo —digo, pero añado—: ¿Están limpias?

—Pasables.

Cuando está saliendo de la habitación, Octavio se da la vuelta y me dice:

—Gracias, mamá. Y, por cierto, tú no te cambies nada. ¡Estás muy guapa!

Qué cosas, ¿eh? Cuando me miro de nuevo en el espejo, el vestido malva vuelve a parecerme poético y el chal de flores moradas una pieza exclusiva de anticuario.

El jardín de los Maluquer es tan bonito que no ha hecho falta adornarlo para la ceremonia. En la entrada nos reciben anémonas blancas, rosa, lila y amarillas, los helechos llenan de verde los dos lados del camino, junto con algunas matas de muguet salpicado de manchas blancas.

Cerca de la casa, subiendo un par de escalones llenos de macetas con azaleas en flor, hay dos sillas de mimbre para los novios. Están colocadas una enfrente de la otra, de perfil a los invitados.

Las paredes de la casa están cubiertas de hiedra y también trepa una buganvilla de flores anaranjadas.

No somos muchos. Las familias de los novios y los amigos más íntimos, quizá unas sesenta personas. Cuando nos sentamos, los padres de Beth nos dan la bienvenida y nos recomiendan que dejemos a los pequeños que correteen por la parte trasera de la casa, donde el jardín se ensancha un poco más. Aparece el concejal que va a oficiar la boda y, al cabo de unos instantes, mientras al fondo se oyen las risas de los niños, Beth y Daniel empiezan a caminar entre nosotros, cogidos de la mano, sonrientes, triunfantes.

Después de unas breves palabras, el concejal pide a los testigos que se acerquen a los novios. Al lado de Daniel se sitúan sus dos hermanos y el hermano de Beth. Ella, como sabéis, nos ha escogido a nosotras tres: Ana, Vilma y yo.

El concejal se acerca a mí y dice: Ahora, Ilia, una de las mejores amigas de la novia, os dirigirá unas palabras que expresan el sentimiento y los deseos de todos los testigos.

Desdoblo el papelito donde he escrito lo que quiero decir y, antes de comenzar, miro los rostros sonrientes y emocionados que se disponen a escucharme. La madre de Beth se seca disimuladamente las lágrimas y su marido me dirige una sonrisa paternal. Unas filas más atrás, Octavio me guiña un ojo. Empiezo.

Vilma, Ana, Álex, Jorge, Luis y yo estamos muy contentos de ser hoy testigos de lo que está pasando aquí, y queremos dejar constancia de ello. Ésta es la crónica de los hechos que deseamos que recordéis: hace un día luminoso de primeros de julio, hay un cielo limpio y muy azul, una casa centenaria, llena de historia, y un jardín rebosante de colores.

Tenemos una novia, Beth. Es una novia de belleza clásica pero de personalidad moderna. Es valiente, divertida y extremadamente generosa.

Tenemos un novio, Daniel. Es un hombre honesto, creativo, que puede afrontar las sorpresas con madurez o con alegría casi pueril, según se tercie.

Tenemos a una niña que se llama Telma y que es inocente y dulce y siempre tiene ganas de jugar.

Y tenemos la proclamación de un amor, el de Beth y Daniel, del que nosotros somos testigos.

Nuestro deseo para los novios es que este amor sea luminoso como esta mañana de julio, limpio como este cielo ampurdanés, que se llene de historias como esta casa, y de colores como este jardín.

Queremos que vuestro amor sea clásico pero moderno, valiente, divertido y extremadamente generoso, como Beth. También nos gustaría que fuese un amor honesto y creativo como Daniel, y que sepa recibir las sorpresas de la vida con madurez, si conviene, o con una alegría pueril, si hace falta.

Y, finalmente, os deseamos un amor inocente y dulce como Telma, y que siempre tenga ganas de jugar.

Hay un silencio que no tiene nada de sepulcral. Es un silencio teñido con los chillidos lejanos de los niños, salpicado de ruiditos guturales de las personas que quieren disimular el llanto, lleno del zumbido de los abejorros y del rumor de las hojas de los árboles... pero silencio, al fin y al cabo.

Levanto la mirada y contemplo a Beth y a Daniel, que me miran dibujando los dos una gran sonrisa. Veo que la emoción nos ha paralizado a todos, y decido romper el hechizo.

—Si alguien tiene algo que decir, ya lo sabe, que lo diga ahora o que calle para siempre.

Con auténtico horror, veo cómo Vilma da un paso al frente y se sitúa a mi lado. Alarga el brazo y coge el micro. Los invitados están incluso más helados que hace un instante. Veo rostros que son auténticamente presa del pánico. Y entonces, Vilma, con su vestido de seda natural, su pelo recogido y sus sandalias de tacón de aguja, lanza un aullido que recuerda el relincho de un caballo o el grito de guerra de los indios sioux. Y, por increíble que parezca, la gente, en lugar de hacerla callar, intentar reducirla o llamar al servicio de urgencias, se ponen a aplaudir y a chillar como ella. Todo son abrazos y risas, lágrimas y besos durante un buen rato. Justo en ese momento tengo un pálpito y abro el microbolso de fiesta para mirar el móvil. Efectivamente, hay un mensaje. Lo abro. Es de Juan: «Cuando no estás conmigo es cuando más te echo de menos.»

Pienso que éste debe de ser el grado de romanticismo que conserva un matrimonio al cabo de diez años juntos. Escribo: «No podría reír sin ti.»

Como amantes, no creo que pasemos a la historia, pero hay que reconocer que seríamos buenos guionistas de televisión.

Al cabo de unas cuantas horas ya hemos comido, nos hemos fotografiado, hemos bailado, Ana y Vilma se han peleado para no recibir el ramo de novia, los críos están cansados y muertos de sueño y yo tengo los pies destrozados.

Estoy sentada en un rincón, observando disimuladamente a la pareja que baila en el centro de la sala. A pesar de que la canción que suena no es *Bailar pegados*, juraría que entre ellos dos no cabría ni un papel de fumar.

—¿Qué haces? —Vilma ha aparecido de repente a mi lado dándome un susto de muerte.

—Observo cómo nace una historia de amor...

—Ya se dice, ¿no? Que de una boda sale otra boda.

—Pues ya puedes comprarte otro vestido, porque habrá muchos invitados repetidos.

—Pero ¿qué dices?

—¿Te has fijado en quiénes son esos que bailan tan acaramelados?

—Ni idea, a ver... ¡Uauuuuuuuu! —repite el grito sioux, pero esta vez, en lugar de ser un aullido de celebración, es de sorpresa, de incredulidad, de pura estupefacción—. Pero ¡si son Ana y Álex!

—*Oui, ma chérie.*

Nuestra amiga Ana y Álex, el hermano de Beth, han estado cruzando miradas significativas durante toda la comida, pero Vilma, ocupada en sus relaciones públicas, no se ha enterado de nada. Ahora, la escena *Dirty Dancing* la ha pillado por sorpresa, y todavía está con la boca abierta.

—A mí me parece que hacen buena pareja —le digo, dándole un toque en la barbilla para que cierre la boca de una vez.

—No te lo voy a negar...

En ese momento suena el móvil de Vilma, que empieza a gesticular para indicarme que sale fuera de la carpa para poder oír algo. Veo acercarse a la novia, con el maquillaje un poco descompuesto y el peinado algo alterado, pero con la sonrisa de felicidad inalterable. Se sienta a mi lado.

—Ilia, nosotros pronto vamos a irnos, y lo haremos sin despedirnos de nadie..., pero antes quería asegurarme que tienes claras las instrucciones...

Son las instrucciones necesarias para cuidar como es debido a Telma, que se queda conmigo los cuatro días que la pareja desaparecerá para una breve pero intensa luna de miel.

—Tranquila, Beth, tengo dos niñas pequeñas, ¿sabes? Todavía me acuerdo de todo, no te preocupes.

—Te llamaré todas las noches.

—Muy bien... hala, vete.

Vilma ha entrado corriendo y viene directa hacia mí.

—¿Pasa algo?

—¡No! Es decir, sí. De hecho, sí pasa: Diego está en Barcelona. ¡Ha venido sin avisarme, el tontorrón! Y ahora él está allí y yo estoy aquí.

—Pero en poco más de una hora tú puedes estar también allí.

—¿Así? ¿Ahora? No, no, de ninguna manera. Además, nadie le ha pedido que viniera...

—Vale, vale, no he dicho nada.

—Además, tengo a Mateo. Ahora ya no me da tiempo a dejarlo con nadie. A menos que...

—¿A menos que se quede conmigo? Lo haría encantada si tú quisieras ir a Barcelona para ver a Diego. Si quisieras correr a echarte en sus brazos y pasar con él una noche de lujuria y pasión, pero como pasas de él como de...

—Eh, eh, eh...

—¿Sí?

—¿Te quedarías al niño? ¿Lo harías?

—Si me lo pidieras...

—La madre que te parió, Ilia.

—Qué quieres que te diga, se me ocurren mil maneras mejores de pedir un favor... pero, vaaaale, síííííí, me quedo con Mateo. Vete.

—¿En serio?

—¡Que sí, coño, vete!

Han encendido todas las luces de la carpa y todo el mundo se está marchando. Me despido de los padres de Beth y les pregunto si han visto a Ana..., pero de repente la veo aparecer ligeramente despeinada. No puedo reprimir una sonrisa.

—¿Todo bien, Ana? —El tono es claramente socarrón, pero mi amiga está en un estado de confusión que le impide captar el matiz.

—¡Muy bien, muy bien! —responde con un entusiasmo absolutamente fuera de lugar.

—¿Vamos a recoger a los niños y nos vamos?

—Eehh... Ilia... quería comentarte...

—Dime, Ana.

—¿Qué te parecería si yo...? ¿...si tú...? ¿...si los gemelos...?

Sé exactamente lo que está intentando decirme, pero la dejo sufrir un poco hasta que la compasión me hace interrumpirla.

—¿Quieres que me quede a los gemelos esta noche, Ana? De acuerdo, ningún problema.

Ana me mira agradecida, sorprendida, un poco asustada, diría yo. Finalmente dice:

—¿No me preguntas por qué? ¿No quieres saber adónde voy?

—Sé con QUIÉN, Ana, de manera que el ADÓNDE no me interesa demasiado...

Ana inicia un gesto de enfado y empieza la frase «¿Cómo puedes saber...?», pero finalmente se rinde. Está tan feliz que no quiere entretenerse con tonterías.

—¡Gracias, Ilia! ¡Te debo una!

Mientras me alejo del jardín, doy gracias al cielo por tener conmigo a Geo. Puede ser una noche divertida.

Y aquí me tenéis: son las dos de la madrugada de un sábado de julio. Geo y yo hemos conseguido finalmente que todos los niños se duerman, después de haber solucionado rabietas, llantos de diversa intensidad, pañales sucios, mocos, chupetes perdidos, sábanas hechas un lío.

Ahora, en una habitación duermen María y Berta en una cama, y Martina y Adrián en la otra. En la habitación de al lado duerme Geo con las dos cunas, la de Telma y la de Mateo. Octavio duerme en el sofá del comedor.

No acabo de confiar en que este silencio pueda durar y, por lo tanto, no me arriesgo a encender el televisor, pero no tengo ninguna intención de meterme en la cama. Estoy demasiado despierta.

Me pongo el pijama, lleno una copa de vino blanco muy frío y salgo a la terraza con un jersey sobre los hombros. Delante de mí sólo está el mar, salpicado con las lucecitas de las barcas. Pienso en Beth y en Daniel, en Ana y Álex, en Vilma y Diego, en mi hermana Lola y su Marcelinho. ¿Qué hora debe de ser en Tokio? Cojo aire y lo suelto lentamente. Una, dos, tres veces.

La brisa cada vez es más fresca y tengo escalofríos. Se los contagio al móvil, que tiembla encima de la mesa. Es Juan.

—¡Hola!

—Hola. ¿Qué tal la boda?

—Muy bien, todo perfecto. ¿Y tú? ¿Qué haces?

—Acabo de llegar a casa. He ido al cine para no volver tan temprano.

—¿Qué has visto?

—Una de guerra..., como podía escoger yo... Tú me hubieses obligado a entrar en la otra sala: *Un amor para siempre*, creo que se titulaba.

—¿¿Yoo?? ¡Pero si a mí no me gustan las pelis de ciencia ficción!

—Muy graciosa, seguro que tus amigas se están partiendo el pecho.

—Mis amigas no están. Están viviendo el amor, sea para siempre o para un rato.

—¿Estás sola?

—No: están María, Berta, Telma, Adrián, Martina y Mateo. Y tu sobrina Geo en funciones de canguro. Y Octavio. Pero todos duermen.

—¿Y tú qué haces?

—Pues miro el mar y hablo contigo.

—Te echo de menos.

—Claro..., como no estoy contigo...

Lo oigo reír y se me calienta el corazón. Me añado a su risa.

—¿Lo ves, Ilia? No podrías reír sin mí.

Y no, creo que no podría.